文革文學大系

（七）

散文報告文學卷二

王　　堯主編

現代文學研究叢刊

文史哲出版社印行

現代文學研究叢刊 30

文革文學大系（全十二冊）

主　編　者：王　　　　　　　　堯

出　版　者：文　史　哲　出　版　社

http://www.lapen.com.tw

登記證字號：行政院新聞局版臺業字五三三七號

發　行　人：彭　　　正　　　雄

發　行　所：文　史　哲　出　版　社

印　刷　者：文　史　哲　出　版　社

臺北市羅斯福路一段七十二巷四號

郵政劃撥帳號：一六一八○一七五

電話886-2-23511028・傳真886-2-23965656

十二冊定價新臺幣五○○○元

中華民國九十六年（2007）十二月初版

中華民國九十八年（2009）二月初版訂正

ISBN 978-957-549-759-0

“文革文學”大系

散文報告文學卷

卷二　報告文學選

目　　錄

一心爲公的共產主義戰士蔡永祥

《解放軍報》通訊員

　　蔡永祥同志是偉大的毛澤東時代又一個歐陽海式的英雄。他用自己的熱血和生命，保衛了紅衛兵，保衛了錢塘江大橋，爲我國的無產階級革命英雄史冊增添了光輝的一頁。蔡永祥犧牲時剛滿十八歲。他短短的一生，是光輝燦爛的一生，是用馬列主義、毛澤東思想武裝起來全心全意爲人民服務的一生。他以自己的英雄行爲，實現了他不止一次地表達過的心願：把自己的畢生精力和整個生命，獻給人類的解放事業 —— 共產主義。

"毛主席是我心中的紅太陽"

　　一九六六年二月八日，駐守在錢塘江大橋旁邊的三連戰士們，興高采烈地歡迎一批新戰友。一個中等身材、機靈活潑的小夥子，笑眯眯地走進宿舍。他不忙著去安頓鋪位，也顧不上喝一口熱水，就全神貫注地看著床頭和牆上張貼的毛主席語錄。他臉上流露出興奮的神情，讀了一條又一條。這個引人注目的小夥子，就是蔡永樣。

　　蔡永祥跨進人民解放軍這所毛澤東思想的大學校，正是部隊開展學習毛澤東思想的群眾運動的時候，幹部、戰士刻苦學習毛主席著作的濃厚的政治空氣，強烈地感染著蔡永祥。他決心要像老同志那樣，認真讀馬列和毛主席的書。

　　蔡永祥參軍不久，連隊開展了社會主義教育運動，蔡永祥回憶自己的家史，控訴了萬惡的舊社會。那幾天，蔡永祥心裡一直很不平靜。飯堂裡貼著的一套階級教育展覽圖片，他飯前飯後總要去看一看。有的戰士問他："你為什麼老是看不夠？"他說："並不是圖片好看。圖片上的階級苦、血淚仇，要天天看、天天想。我越看越想，越熱愛毛主席，越愛讀毛主席的書。""有了毛主席，才有我蔡永祥，毛主席是我心中的紅太陽！"

　　一天，傳來了一個盼望已久的喜訊：連裡要發《毛主席語錄》了！恰巧蔡永祥這天患了重感冒，躺在床上。他一聽到要領《毛主席語錄》，一骨碌下了床。班長對他說："你身體不好，同志們給你領來好啦！"蔡永祥披上衣服，邊跑邊說："這是一件大喜事，我一定要親自去！"紅光閃閃的《毛主席語錄》領回來了，蔡永祥高興得不得了，把它當做寶貝，抓緊時間，認真學習。

　　蔡永祥唯讀過兩年多書，學習中有很多困難。但是，他不怕困難，學得勤、用得狠，表現了驚人的毅力。有些字不認識，就注上同音字，有的還畫了記號。有的字句不懂，就向班裡同志請教。他平時抽時間學，假日抓緊時間學，下哨回來擠時間學。他經常對同志們說："我聽了毛主席的話，心裡就亮；讀了毛主席的書，幹勁就足。我下定決心，讀一輩子毛主席的書，跟毛主席鬧一輩子革命！"

　　蔡永祥這樣熱愛毛主席著作，根本的原因是他對偉大領袖毛主席有著深厚的無產階級感情。他出生在安徽肥東縣的一個貧農家庭裡，父親從小給地主放牛、幫工；母親討過飯，給地主當過用人，給資本家做過十多年工，受盡了壓迫和剝削。共產黨、毛主席把他們從苦海裡救出來，日子一天天好起來了。母親常把舊社會的辛酸家史講給他聽，說："永祥啊，今天的甜要記在心，過去的苦要記在心，要永遠聽毛主席的話，跟毛主席走。"

　　蔡永祥在小學讀書的時候，最愛讀的是《東方紅》這一篇課文，最愛唱的是《東方紅》這首歌。他多麼熱愛毛主席啊！他想方設法找到一枚毛主席像章掛在胸前，還找到幅毛主席像貼在自己的本子上。他高興地說：「我可以天天看到毛主席了！」在守衛錢塘江大橋的日日夜夜裡，蔡永祥時時刻刻想念著毛主席。他編了這樣一首歌：

> 天上星，亮晶晶，
> 星星向著北斗星。
> 北斗星最亮也比不上毛主席，
> 我心中只有毛主席這顆星。
> 天上星，亮晶晶，
> 我在大橋望北京。
> 望到北京天安門，
> 毛主席是我們的大救星。

　　"做一個守衛大橋的張思德"

　　蔡永祥在毛澤東思想的哺育下，迅速成長。

　　他剛穿上新軍裝，戴上紅五星，佩上紅領章的時候，曾經天真地想過：要是能跟隨一位身經百戰的首長當個警衛員，向首長學習革命傳統，那有多好啊！要不就去駕坦克，開汽車。領導上分配他守衛錢塘江大橋，他思想上有點不大愉快。在第一次班務會上，他跟全班同志一起學習《爲人民服務》。班長一字一句地朗讀毛主席的教導：「我們這個隊伍完全是爲著解放人民的，是徹底地爲人民的利益工作的。」接著，講述了張思德的光輝事蹟。蔡永祥聽在耳裡，記在心裡，第一次發言，就激動地說：「張思德真了不起，我要像張思德那樣爲人民服務。」後來，他又向排長表示：「做人要做張思德那樣的人，他最聽毛主席的話，要他當班長，他全心全意帶好一個班；要他燒木炭，他勤勤懇懇埋頭苦幹。現在，領導上要我守大橋，我一定要做一個守衛大橋的張思德。」

　　張思德幹一行，愛一行。蔡永祥以他爲榜樣，守大橋，愛大橋。大橋，人民的錢塘江大橋。連隊的老同志，經歷了多少風雨，度過了多少時光，警惕地守衛著它，讓它爲祖國的社會主義革命和建設出力。蔡永祥接過老同志的槍去上崗。他對戰友說："我絕不讓壞人把一顆子彈頭大的石塊投到大橋上。"

　　一天夜裡，蔡永祥剛值勤回來，脫下衣服準備睡覺，聽說在一座橋墩邊有動靜。班長要帶人去搜索，蔡永祥連外衣也顧不上穿，一翻身拿起槍，機靈、迅速地跑在搜索隊伍的前面，勇敢地穿過一人深的蘆葦，直奔橋墩。蔡永祥把大橋看得比自己的生命還重，他在日記中不止一次地寫道：我要把青春獻給大橋，獻給人民。

　　蔡永祥以張思德爲榜樣，一心爲革命，一心爲人民，關心同志、關心集體比關心自己爲重。他常說：爲革命多出一點力，我感到舒服；爲人民多做一件事，我感到幸福。星期天或平時休息的時候，他總是爭著去打掃崗亭，衝洗廁所。三伏天外出勞動，他冒著日曬，卻把自己的草帽、扇子送給同志們用。外出時，他捨不得花幾分錢坐公共汽車，卻用自己的津貼費買了毛主席著作送給同志。戰友們說："蔡永祥同志的頭腦裡，只有革命，只有他人，就是沒有自己。"

　　他抱著極大的熱情爲人民群眾服務，走到哪裡就把好事做到哪裡。他從大橋的公路上走過，不是幫人挑擔，就是幫人推車。一次，他的腳被釘子戳破了，去醫院看病回來，在湖濱車站候車。他看到一位老大娘忘了帶錢沒法買票，就把身上僅有的兩角錢給老大娘買了一張票，自己卻忍著傷痛，步行十幾里，回到連隊。

　　夜深了。站完崗的蔡永祥，還在路燈下學習毛主席著作。五班長親切地勸他回去休息。蔡永祥一把拉住五班長的手，指著一段語錄說："五班長，你看，毛主席講得多好啊！'一個人做點好事並不難，難的是一輩子做好事……'"五班長說："確實是這樣，一輩子做好事，可真難啊！"蔡永祥接著說："難是難，可是只要真正聽毛主席的話，就一定能辦到。""容不得半點私雜念"。

蔡永祥在思想革命化的前進道路上，嚴格要求自己，做了好事不自滿，有了成績找缺點，大破資產階級"私"字，大立無產階級"公"字，絕不讓"私"字和"公"字坐在一條板凳上。他說："學習毛主席著作，必須聯繫思想實際。革命戰士的頭腦裡，容不得半點私心雜念。"

蔡永祥以張思德、白求恩、雷鋒作榜樣，對照和檢驗自己的一言一行。一天中午，他因為連續幾天搞夜間訓練，很疲勞，正躺著休息，忽然聽到兩隻豬在叫。他知道豬該餵食了。但是一想，反正有人管這個事，就沒有動彈。過了一會，豬仍在叫喚，他再也躺不下去了：見事不管，這是"對工作的極端的負責任"嗎？這怎麼能算完全、徹底地為人民的利益工作呢？就翻身下床去餵豬了。

這本來是做了一件好事。可是，他和六班長談心時，卻作了自我檢討。六班長說："你該受表揚，怎麼還檢討呢？"蔡永祥嚴肅地說："應該檢討！挖挖自己的思想，在餵豬以前，還有一個'懶'字。白求恩同志那麼大年紀，不遠萬里來幫我們打日本鬼子；我這個小夥子，到豬圈這幾步路都不願走，一比就感到慚愧。班長，你是老同志，要多多幫助我！"

蔡永祥用毛澤東思想作武器，自覺改造思想。他說："毛主席說過，任何個人，錯誤總是難免的。我怎麼會沒有缺點錯誤呢？"因此，他經常徵求周圍同志的意見，把發現和改正缺點錯誤，看做是對黨、對人民、對革命負責的表現，把同志的批評看做是對自己最大的階級友愛。

一個星期天，蔡永祥請假外出買肥皂。在回來的路上，他看到一些工人在挑煤，就袖子一捲，褲子一挽，鞋子一脫，幫著幹起來。他越幹越有勁，竟忘了按時回連。回來以後，班長說他不該超假，批評了幾句。他不願意把做的好事告訴班長，但又因爲受批評心裡感到有點委屈。午後，大家休息了，他拿著《毛主席語錄》出去，反覆讀了《爲人民服務》中的一段話："因爲我們是爲人民服務的，所以，我們如果有缺點，就不怕別人批評指出。"思想疙瘩解開了，他覺得應得應該誠懇接受班長的批評，不管做了多少好事，誤假總是不對的。

事後，班長知道了蔡永祥誤假的原因，就在班務會上表揚了他，並作了自我批評。蔡永祥誠懇地說："班長，你不是批評我做好事，是批評我誤假，你批評得對啊！"小小一件事，短短幾句話，閃爍著共產主義思想的火花。

"站在大橋上，心懷全世界"

偉大的毛澤東思想，不斷地擴展著年輕戰士的胸懷。

"站在大橋上，心懷全世界。"這是蔡永祥學習白求恩國際主義精神寫下的心得。他一遍又一遍地讀著《紀念白求恩》，寫下了"支援世界革命，貢獻出自己的一切力量和寶貴青春"的豪言壯語。

有一次，他和一位戰友並肩走上錢塘江大橋。他對這位戰友說："這座橋通往北京，通往越南。毛主席叫咱保衛這座橋，就是叫咱保衛祖國的無產階級江山，支援世界革命。"他想的是階級的大事，黨的大事，國家的大事，世界的大事。他立志：百倍警惕地守衛好大橋。

蔡永祥這樣說了，也這樣做了。他經常學習毛主席關於階級鬥爭的論述，保持高度警惕，時刻關注著大橋上的每一根枕木，每一條鋼樑，每一顆道釘。黑夜站崗，視度不良，他就蹲到半人多深的工事裡，臉貼著地皮向江面瞭望，細心看有何動靜。一天夜裡，江風呼嘯，下著瓢潑大雨。蔡永祥在江邊遊動執勤，渾身淋得透濕。在不遠的地方，就有擋風遮雨的崗樓，可是他爲了更好地觀察周圍的一切，一直挺立在風雨之中。查哨的同志出於對階級兄弟的關心，讓他暫時到崗樓去。蔡永祥不肯，他說："淋點雨算什麼，衣服濕了可以曬乾，如果大橋遭到破壞，那對人民是多大的損失啊！"

爲了在任何情況下都能完成守衛大橋的光的光榮任務，爲全中國人民和全世界人民服務，蔡永祥很注意向英雄們學習大無畏的革命精神。他說："我要像歐陽海那樣過得硬，我要像王傑那樣不怕死，我要像劉英俊那樣捨己爲人！"32111 鑽井隊的英雄事蹟剛發表，蔡永祥激動地向全班表示：一定要向鑽井隊的英雄們學習！他向黨和人民立下了豪邁的誓言：天塌下來也敢頂，生死關頭也能衝！

在這樣心懷全世界、一心爲公的英雄戰士面前，還有什麼困難不能被征服，還有什麼敵人不能被戰勝！

"滅資興無闖將"

在轟轟烈烈的無產階級文化大革命中，用馬列主義、毛澤東思想武裝起來的蔡永祥，站在階級鬥爭的最前列，緊握槍桿子保衛文化大革命，拿起筆桿子批判資產階級，批判修正主義，自覺地勇敢地捍衛毛澤東思想。

當報紙上揭露了反黨反社會主義分子惡毒攻擊毛澤東思想的罪行以後，蔡永祥心裡燃起了萬丈怒火。在聲討會上，他用大量的鐵的事實，駁斥了那些反黨反社會主義分子的無恥讕言。他說：雷鋒在平凡的崗位上，做出不平凡的事蹟，靠什麼？王傑在危急關頭，捨身搶救民兵，靠什麼？歐陽海在生死關頭，爲搶救列車英勇獻身，靠什麼？都是靠的毛澤東思想。我到部隊時間不長，懂得了爲誰當兵，怎樣爲人民服務，也是靠的毛澤東思想。毛澤東思想是我們的命根子，誰敢反對毛澤東思想，我們就同他拼到底！

蔡永祥在階級鬥爭中努力學習馬列和毛主席著作，用毛澤東思想這個望遠鏡和顯微鏡，去分清香花毒草。他看了《逆風千里》影片後，給壁報寫了一篇《（逆風千里）是一株大毒草》的批判文章。看了其他壞戲、壞電影，他也批判。大家都說：蔡永祥是大批判的闖將。蔡永祥在積極批判資產階級，批判修正主義的同時，大力宣傳毛澤東思想。他經常編演文藝節目，歌頌偉大的黨，歌頌偉大的領袖毛主席，歌頌戰無不勝的毛澤東思想。黨的八屆十一中全會公報公佈以後，他馬上自編自演了這樣一個快板：

竹板一打齊歡笑，萬分激動唱公報：

毛主席號召鬧革命，七億人民心一條；

永遠跟著毛主席，誓把牛鬼蛇神來橫掃。

他編演每個節目都非常認真。他說："只要是宣傳毛澤東思想，我就要積極去於。"蔡永祥對紅衛兵橫掃"四舊"的革命行動，堅決支持，熱情讚揚。在他的日記本上，寫著這樣一首詩：

紅衛兵，軍容壯，

革命戰歌震四方，

紅衛兵，決心強，

徹底摧毀舊世界，

毛澤東思想來武裝，

牛鬼蛇神無處藏。

滅資興無當闖將，

共產主義放光芒。

"蔡永祥，這個英雄戰士，他前進的每一步一步，都閃耀著毛澤東思想的光輝。當人民需要的時候，"天塌地裂也敢上"。

一九六六年十月十日，淩晨一時四十分。分。帶班員推了推正在熟睡的蔡永祥，輕輕地說：“上崗了！”蔡永祥聞聲一躍而起，整理了一下，邁開虎步，向錢塘江大橋南頭的哨位走去。

自從無產階級文化大革命以來，錢塘江大橋上，每天有多少列車，滿載著革命小將紅衛兵，奔向祖國的心臟 —— 北京，去接受我們偉大領袖毛主席的檢閱。每天又有多少列車，滿載著從毛主席身邊回來的紅衛兵小將，去南方各地傳播毛澤東思想。大橋是革命大串連的紐帶，蔡永祥警惕地守衛著它。

時針指向二點三十四分，從南昌方向開來的 764 次運送紅衛兵的專車，向橋頭飛奔而來。在列車燈光的照射下，蔡永祥突然發現離他四十多米的地方，有一根大木頭，橫置在軌道上。這是階級敵人的破壞活動！如果不立即排除這根大木頭，轉瞬間，翻車、毀橋、人員傷亡的嚴重事故就要發生。

在這千鈞一髮危急萬分的時刻，蔡永祥奮不顧身地向著四十多米以外的障礙物衝上去！

這四十多米，每一步都顯示著毛澤東思想的巨大威力！

這四十多米，每一步都閃爍著一心爲公的共產主義思想光輝！

這四十多米，每一步都是檢驗革命戰士硬骨頭精神的試金石！

蔡永祥不愧是毛主席的好戰士，他衝上去了！障礙排除了！紅衛兵脫險了！錢塘江大橋保住了！可是，我們親愛的戰友，年輕的蔡永祥同志，卻壯烈地犧牲了。

朝霞染紅了東方，偉大毛澤東時代又一個英雄戰士的高大形象，屹立在億萬人民的面前。錢塘江水洶湧澎湃，爲英雄的戰士高聲歌唱；高山青松傲然挺立，向英雄的戰士肅然致敬。一個蔡永祥犧牲了，千百萬蔡永祥在成長。讓我們朝著毛主席指引的方向，踏著英雄的足跡，永遠前進！

（原載《解放軍報》1966 年 10 月 31 日）

一不怕苦、二不怕死的共產主義戰士

—— 記共產黨員楊水才同志的光輝事蹟

《河南日報》通訊員
《人民日報》通訊員

一個光輝的名字 —— 楊水才，在河南省許昌縣桂村公社到處傳頌。

楊水才同志生前是桂村公社水道楊大隊的黨支部副書記，兼任桂村農業中學的校長。十幾年來，他高舉馬列主義、毛澤東思想偉大紅旗，時刻不忘兩個階級、兩條道路、兩條路線的鬥爭，堅持無產階級政治掛帥。他是階級鬥爭中的英雄，立場堅定，旗幟鮮明。他是戰天鬥地的好漢，帶領廣大群眾，自力更生，奮發圖強，建設社會主義新農村。

"人總是要死的，但死的意義有不同。"楊水才同志是爲人民的利益而死的，他的死是比泰山還要重的。他的英雄形象永遠活在人們的心裡，鼓舞著人們前進！

與階級敵人爭毫不留情
走社會主義道路堅定不移

楊水才同志，是在苦海裡長大的。

解放前，他家九口人，只有七畝多地。一家人累死累活，一年到頭連頓糠菜都吃不飽。就那幾畝地啊也保不住。他爹因長年受地主的壓榨和折磨，一病臥了床。爲了治病，只得賣了一畝八分地。錢到手，招來了狗。醫生還未請到家，狗腿子上了門，氣勢洶洶地說：「出水才壯丁款三百塊！不交錢，現在就把人綁走。」壯丁款剛弄走，苛捐雜稅又逼上了頭。沒有錢，他娘被押在鎮公所裡。沒法子，咬咬牙又賣了幾畝地，才把娘救回來。他娘淚水未擦幹，到家一看，水才趕兩歲的少氣無力地躺在床上，小手撕著被套往嘴裡填。娘急忙把他抱在懷裡，他已經斷了氣。一九四二年，千里赤地，一片災荒。僞甲長走來：「人都快餓死了，還要這房子幹什麼？」水才家的土地都賣完了，最後剩下的這三間房子，又被地主霸佔了去，從此，要飯也沒有個窩。吃糠咽菜沒法過，人販子又把他兩個妹妹拉走。他那可憐的奶奶，也被天災人禍奪去了生命。自幼就挎上要飯籃的楊水才，十二歲那年就跟上他爹給地主當牛馬。苦難的生活使他階級仇恨滿胸腔。

一九四九年，楊水才參加了中國人民解放軍，從此才結束那苦難的生活。

在大軍南下，橫掃蔣匪的戰鬥中，他帶著階級仇恨，衝殺在前。在部隊一年多的時間裡，他立大功一次，小功兩次，獲得了「人民功臣」的光榮稱號。

一九五一年初，楊水才同志帶著建設家鄉的光榮任務，復員回到了水道楊。

「在拿槍的敵人被消滅以後，不拿槍的敵人依然存在」我們務必不要鬆懈自己的警惕性」。楊水才回家不久，發現有些階級敵人的威風還沒有被打下去，有些群眾思想上還有顧慮，農會的個別幹部被敵人拉攏。楊水才緊緊團結和依靠廣大貧雇農，主動向階級敵人進攻。不久，他被推選爲農會委員，抓治安保衛工作。

村裡有個惡霸妄圖用說親來拉攏楊水才。水才立即覺察到，這是階級敵人在搞「美人計」。他嚴詞拒絕。還有一天夜裡，水才已經熄燈睡下了。一個壞傢伙來到他的窗外，輕聲地叫道：「水才，水才，我給你買雙襪子。你現在是幹部啦，成天光著腳，我心裡過意不去。"水才一聽可冒火了:"誰稀罕你的東西。"那傢伙還不甘心:"放在窗臺上吧,往後缺啥,言一聲。"第二天早上起來,楊水才果然發現窗臺上有雙新襪子。他一瞭解,這傢伙同時也送東西給農會其他幹部。

水才在農會召開的群眾大會上揭發了階級敵人施放糖衣炮彈的種種卑鄙手段。他說:"這些傢伙還向我送了雞蛋、果子,說是讓我保養身體。呸!全是鬼話!解放前大荒年時,咱們窮人揭不開鍋,死的死,逃的逃,他們囤裡的糧食都生了蟲,爲啥不給咱一升半碗?現在心善了嗎?沒有。他們送東西,是黃鼠狼給雞拜年 —— 沒安好心。這不是雞蛋,也不是果子,是毒藥丸!對這些狼心狗肺的壞傢伙,必須堅決打擊。"

同一小撮階級敵人鬥,楊水才同志立場堅定;聽毛主席話,走社會主義道路,楊水才同志堅定不移。

一九五三年,黨號召成立互助組。楊水才聞風而動,走東家,串西家,積極宣傳互助合作的好處。楊水才等十戶成立了互助組。不久,兩戶富裕中農和一戶中農退出去了,剩下了七戶貧農。楊水才毫不動搖地說:"毛主席指引的路,咱們說啥也要走下去"爲了給牲口買飼料,楊水才主動把自己的復員費拿來交給組裡,大夥過意不去,說:"水才呀,你肺病那樣重,這錢你還是拿去看病吧。"水才說:"不!有鋼使在刀刃上!這錢拿來鞏固互助組,才是大用場。"大夥都非常感動,說:"水才呀!你的心俺知道了,毛主席指引的陽關大道,俺走定了。"

一九五六年,楊水才光榮地加入了中國共產黨。從此,在社會主義大道上,他奔得更歡了,對資本主義勢力,他鬥爭得更堅決了。辦農業合作社、人民公社,他走在頭裡;劉少奇一夥刮"三自一包"的妖風,他挺起腰杆堅決頂。十幾年來,在兩個階級、兩條道路、兩條路線的激烈鬥爭中,他始終旗幟鮮明,對資本主義勢力寸步不讓,走社會主義道路堅定不移。水道楊的貧下中農,都稱他是"鐵柱子"。

立下愚公移山志挖塘治崗破難關

　　水道楊是一個兩崗夾一窪，崗高缺水的地方。解放前，這裡流傳著一首辛酸的歌謠："高高水道楊，地霸逞強梁；農民勤勞動，吃的菜和糠；推車如上山，步步踏坎上；遇到天氣旱，連水喝不上。"

　　一九五六年，在社會主義革命高潮的鼓舞下，楊水才立下愚公移山志，決心和貧下中農一起，改造水道楊的面貌。他向黨支部提出建議："咱要下定決心，排除萬難，把高崗變成水澆地，把禿嶺變成花果崗。"

　　崗怎麼治？水往哪兒找？遵照毛主席關於"群眾是真正的英雄"、"沒有調查就沒有發言權"的教導，楊水才爬東崗，上西崗，勘察本地的一條條嶺，一道道溝；走東家，串西家，一晚上又一晚上地和老農交談。從多少年來抗旱鬥爭的經驗與教訓中，他終於得出了"要找水源處，村頭溝嘴挖"的結論。

　　一九六三年，楊水才根據調查的情況，向大隊建議，在村南溝嘴挖個五畝大的坑塘，用電動機把水抽上東西兩崗，變旱地為水澆地，根除旱災。這個建議立即得到黨支部和大多數群眾的支持。但是挖塘要佔用三隊的幾畝好地，個別幹部想不通。

　　水才遵循毛主席關於"政治工作是一切經濟工作的生命線"的教導，建議黨支部召開會議，進行階級教育和整體觀念的教育。他領頭憶苦思甜，憶得大家熱淚流；他又領著大家學習毛主席著作，大講"毫無自私自利之心"，講得大家眼明心亮。大夥說："只看到那幾畝地，看不到全大隊兩千多畝，看不到全國七億人口，眼光真是太窄了。"又說："得學習愚公的精神，自力更生，奮發圖強。"

水才一看群眾勁頭上來了，接著說："對！咱毛澤東時代的農民，種地不靠天，龍王不來咱去牽！"這一聲吆喝真提勁，群眾連春節也不休息，扛鐵鍬的扛鐵鍬，抬筐的抬筐，一齊湧向工地，鏟雪破冰幹開了。

水才利用休息時間進一步宣傳"學愚公，做愚公"，決心"立下愚公移山志，挖塘治崗破難關"。群眾說："老愚公能下決心挖掉家門口的兩座山，咱們有毛主席的英明領導，爲了建設社會主義，難道連個坑塘也挖不成嗎？咱一年挖不成，挖二年，二年挖不成，挖三年，不挖出水來絕不甘休！"

水才講愚公，自己就是活愚公。他的病那樣重，還和大家一樣幹，累得吐了血，擦嘴繼續幹。大夥勸他休息，他說："愚公恁大歲數了，還每天挖山不止，毫不動搖，我比他年輕多哩！"

工程在進行著。一丈深，二丈深，三丈深……挖到石層了，有的人見挖不出多少水，往下又挖不動，有點洩氣了。水才鼓動大家說："加油幹哪，同志們！哪怕是龍王鑽到岩漿裡，也要把它揪到東西兩崗，給咱澆地種麥。"當鐵錐砸破石層，泉水像水龍似的突突冒出來的時候，工地沸騰了。"毛主席萬歲！""毛澤東思想萬歲！"歡呼聲震天動地，人們噙著淚花從四面八方向泉水邊湧去。

莊稼人祖祖輩輩，哪曾見過高崗地能用水澆？水塘挖成以後，那些日子真像趕節似的熱鬧，鄰村的人趕上十裡、八裡地來參觀，連那些不大出門的老大娘，也拉著閨女來看了又看。有個曾經認爲"指望挖坑塘澆地，準不行"的老頭，這會兒，也蹲在抽水機旁，喜得眯縫著兩眼，感歎地說："水才就是有心勁，他硬是按照毛主席指引的路子走，走對了。天旱成這樣，莊稼還綠油油的，老幾輩從沒有見過啊！"

"小車不倒只管推" 戰天鬥地志如鋼

在治崗治水的同時，水才又領著社員植樹造林，下決心把禿嶺變成花果崗。

一九六五年的多天，水道楊大隊開始了全面造林工作。楊水才同志提上石灰籃，親自去蹲樹坑，規劃各種樹木的栽植。恰在這個時候，他的病又復發了，這一次比以前都嚴重，發高燒，大口大口地吐血。老母親憂慮地說："水才呀，看你病到啥樣子了！"水才安慰他娘說："娘，不要難過。血，解放前，我也吐過。那時地主反動派壓榨我，我吐的是苦水；現在，我為黨工作，為咱貧下中農服務，雖說吐血，可是我心裡舒坦！"

水才剛一退燒，不顧大夥的勸阻，立即投入了造林的戰鬥。他說："有了毛澤東思想，就什麼都不怕！不把咱家鄉建設好，我死不瞑目！"

為了改變水道楊一窮二白的面貌，楊水才同志十數年如一日，就是這樣以鋼鐵的意志，忍受著肺結核、胃潰瘍及腎結石等嚴重疾病的折磨，頑強戰鬥，不怕苦，不怕死。楊水才經常豪邁地說："小車不倒只管誰，只要還有一口氣，就要幹革命！"

堅持走 "抗大" 道路
為貧下中農培養可靠接班人

水道楊廣大貧下中農，在建設社會主義新農村的鬥爭中，深深感到沒有文化是多麼困難。他們說："咱們不能只看四指遠，要搞共產主義哩，沒有文化怎麼能行。水才呀，你領著咱們辦學校吧，培養咱們可靠的接班人。"他響亮地回答說："好！有毛澤東思想引路，有貧下中農撐腰，咱們一定要把自己的己的學校辦起來。"

一九六三年九月一日，一所按照毛主席無產階級教育路線，由水道楊、桂東、桂西等七個大隊貧下中農創辦的桂村農業中學誕生了。楊水才被推選爲農中校長。

開學的一天，楊水才貧下中農管理委員會其他委員一起，高高興興地迎接每一個新生。這一期招生七十八個，水才問他們："你們都是誰的子女？"七十八張嘴齊聲說："貧下中農的子女！"又問："爲啥要上這個學校？"同學們爭著說："來學習毛澤東思想，學會建設社會主義新農村的本領。"聽到這個回答，水才興奮地說："大家回答得很對。同學們！我們貧下中農辦這個農業中學，不是爲了升官發財，而是爲了培養高舉毛澤東思想偉大紅旗，堅持社會主義道路，熱愛勞動，爲貧下中農服務的接班人。"

楊水才領導農中革命師生，走"抗大"道路，一面學習，一面勞動，自力更生建設。在討論蓋校舍時，有的主張因陋就簡蓋草房，有的認爲要蓋像樣一點的瓦房。水才說："蓋草房！咱貧下中農能在草房裡過，師生就不能在草房裡過啦！'抗大'在窯洞裡培養了革命幹部千千萬萬，就因爲窯洞裡掛起了毛澤東思想的紅燈。只要咱草房也用毛澤東思想來照亮，就能培養出咱貧下中農的可靠接班人。"

在貧下中農的大力支持下，很快就蓋起了六間草房。師生們高興地說："自己做的飯香，自己蓋的房亮堂！"

當時農業中學的幾個教員，多是走出校門不久的青年學生，有的還不安心工作。水才想：育苗先育人，育人先育心，對這幾個青年人的思想教育工作，可不能放鬆啊！於是，他經常到學校，和教師們一起學習毛主席著作，帶頭亮私，鬥私，以英雄人物爲榜樣，樹立全心全意爲人民服務的思想。他還用出外開會時啃幹饃省下來的補貼費，買了毛主席著作，送給教師們學習。

楊水才同志還經常對師生們說："毛主席指出，知識份子要勞動化。勞動能治百病，尤其是思想病。首先要把糞籃背起來，沒有糞，學校試驗田就種不好。"

一叫背糞籃，對有些青年知識份子來說，可真有點 "秀才推磨，難為聖人"，背起來就臉紅。他們怕人看見，不敢走大路；走小路見有人，又走到溝底下。水才鼓勵他們說： "你們應該多幹些臉紅的活，慢慢地就由臉紅變心紅了。，' 確實，背了一段糞籃後，就漸漸習慣了，由溝底上到小路，又由小路上到大路，最後背著糞籃也一樣出入大街小巷了。貧下中農非常滿意，指著他們背上的糞籃，風趣地說： "洋學堂的校徽是在胸前掛著，咱這農中的校徽是在脊樑上背著哩！"

以楊水才為首的貧下中農管理委員會，堅持走 "抗大" 道路，一直沿著毛主席的無產階級教育路線勝利前進！

毛澤東思想育英雄毫不利己專門利人

楊水才把讀毛主席的書，當做最大的幸福，把聽毛主席的話，當做生命的根本。不管是風雪侵襲的嚴冬，還是汗流浹背的盛夏，他每天都伏在那盞小小的煤油燈下，孜孜不倦地學習毛主席的光輝著作。過去，由於大叛徒劉少奇一夥瘋狂地反對毛澤東思想，很難買到毛主席的著作，他就千方百計地從報紙上搜集，找小冊子。一九六〇年，他托人從城裡買到一套《毛澤東選集》，他是多麼高興啊，逢人便說： "我買到《毛澤東選集》了！" 此，他更是如饑如渴地一字一句地學習。幾年中，他通讀了四卷雄文，反覆閱讀了二十多篇重點文章。

他不僅自己學，還帶動群眾一起學。他是大隊學習毛主席著作的總輔導員，是許昌縣學習毛主席著作的積極分子。

英雄熱愛毛主席，毛澤東思想育英雄。毛澤東思想鑄造了他一顆無限忠於黨和人民的紅心，哺育了他 "毫不利己專門利人"

的共產主義精神。

十幾年來，病，經常折磨著他，威脅著他的生命。但是，他一心想著我們偉大的社會主義祖國，想著人民，從來沒有把自己放在心裡。一九六三年，他的肺結核、腎結石病情惡化，公社把他送到醫院，他堅絕不肯動手術。他說："我有病，不能很好地爲黨工作，心中就夠慚愧了。如今，國家建設正需要錢，有些階級兄弟更需要治療，咋能再讓國家花好多錢爲我治病？"水才就是這樣時時想著國家、想著集體。他說："哪怕是一分錢，也應該爲國家節省。"在浸速生核桃種時，發現掉到井裡一個，他要下井去撈上來。有人說："就那一個，不用撈了！"他認真地說："一個核桃一棵樹，又是從老遠的新疆運來的，掉在井裡多可惜呀！"決下到井裡，用腳踩，下手摸，整整花了一個小時，終於把那一個核桃種撈了上來。

在生活上，他極其艱苦樸素，始終保持勞動人民的本色。一頂帽子戴了八九年。當他被選爲出席全省學習毛主席著作積極分子代表大會的代表時，村上有人勸他："水才呀，這次要到省裡開會了，你這頂帽子該換了吧？"他笑了笑說："不，這就很好嘛！收拾一下還能再戴幾年。"一位老貧農見他成天風裡來，雪裡去，穿的就是那一件破棉襖，一條薄棉褲，心疼地說："水才呀！你身體又不好，做件棉大衣穿吧！"他笑笑說："做那幹啥，莊稼人，就這樣打扮好。"

水才對待自己這樣嚴格，可是對貧下中農卻無微不至地關懷。貧農孩子的棉衣破了，他心疼地責怪家長："對孩子咋恁不關心！"聽說有困難，自己馬上買五尺布送上門去。全村十幾家貧下中農困難戶，幾個"五保"老人，像刻在他的腦子裡一樣，他經常上門問寒問暖。一到風雪天，他走得更勤，去看看誰家房破屋漏，誰家吃穿有困難。貧下中農感動地說："水才真爲咱貧下中農操盡了心！"

　　一九六六年十二月四日，是水道楊貧下中農永遠難忘的一天。

　　天濛濛亮，楊水才就起了床，這一天他有多少工作要做啊！從林縣參觀回來，他心裡一直非常激動。本來，他正發著高燒，參觀林縣半月來的長途跋涉，使他的病更重了。但是，一想到這一天的工作，就什麼病都忘了。

　　他拉開小門，大踏步地走出去，迎著紅彤彤的朝陽，開始了一天的戰鬥。

　　早晨：他給大隊學習毛主席著作輔導員作學習《愚公移山》的輔導報告。他講得既生動又深刻，使輔導員們受到了很大的教育。

　　上午：他給黨支部委員會介紹林縣人民高舉馬列主義、毛澤東思想偉大紅旗，以老愚公的精神劈山引水上太行的英雄事蹟。

　　下午：他和黨支部委員一起，認真地討論了如何把學習毛主席著作的群眾運動推向新階段的工作。他指出，為了把水道楊辦成毛澤東思想的大學校，支部委員會要走在頭裡，帶頭努力學習毛主席著作。

　　天摸黑，水才回家，點上燈，端到老母親床前。娘問他："水才，你又在忙啥呀？"他說："娘，我在宣傳毛澤東思想哩！"聽到兒子的回答，老母親露出了滿意的笑容。

　　晚上：吃完晚飯，水才來到學校，召開了黨團員和幹部大會。他代表黨支部談了關於把學習毛主席著作群眾運動推向新階段，進一步建設社會主義水道楊的意見，讓同志們充分討論。

　　深夜：開罷支部大會，天已經很晚，水才忍著劇烈的病痛，又和學校的教師們，一起座談學習毛主席著作的心得體會。

　　深夜十二點多鐘，他才回到已經離開十八個小時的那間小房。

　　這一天，他一直在緊張地工作，熱情地宣傳毛澤東思想。幾個會議，一個連一個，他毫無倦意，聲音洪亮，精神振奮。誰會知道，這一天他忍受著極度的病痛，在用他最後的力量進行戰鬥！

夜,人們都睡熟了,水才還在伏案工作……

第二天早晨,人們沒有看到一向起得早的楊水才,以為他還沒有起床。他從林縣參觀回來,一連忙了幾天,昨個一天又開了那麼多會,直到深夜才回屋,他太勞累了,別驚動他,讓他多睡一會吧!

可是,早飯後還不見他起來,人們有點慌了,推開他的小門一看,一個個驚呆了。一盞煤油燈,還在亮著;桌上,放著毛主席著作,幾張稿紙,上面寫著學習毛主席著作,進一步建設水道楊的計畫。

他,水道楊貧下中農的好兒子楊水才,披著那件破棉襖,就坐在桌前去世了!

看到這情景,人們明白了:在生命的最後一刻,他還在堅持臨睡前學習毛主席著作的制度,用"完全"、"徹底"和"毫無自私自利之心"的標準,來檢查自己一天的言行。看到這情景,人們明白了:在生命的最後一刻,他還在描繪著改天換地的最新最美的圖畫,展望著水道楊光輝燦爛的未來!

看到這情景,人們明白了:在生命的最後一刻,他還在用不屈的意志,堅韌的毅力,頑強地同病魔作鬥爭,一直戰鬥到最後一分一秒!

楊水才同志實踐了他的誓言:"小車不倒只管推,只要還有一口氣,就要幹革命!"

楊水才同志實踐了他的誓言:為革命而生,為人民而死,做比泰山還要重的人!

楊水才同志,他沒有死,他的精神永遠不會死!他那一心為公,一切為公,一不怕苦,二不怕死的共產主義精神,鼓舞著人們,激勵著人們。

(原載《人民日報》1969年7月13日)

"拉革命車不鬆套，一直拉到共產主義"

—— 記無產階級優秀戰士王國福

"北京市革命委員會調查組"
《北京日報》記者
新華社記者

　　毛澤東思想哺育成長的無產階級優秀戰士、共產黨員王國福，把他光輝的一生獻給了偉大的無產階級革命事業。一九六九年十一月六日，王國福同志因病逝世。在他生命的最後一刻，他仰望著偉大領袖毛主席像，對守護在他身邊的社隊幹部和同他一起扛過活的老貧農，斷斷續續地說："一定要聽毛主席的話……艱苦奮鬥……繼續革命……整好黨，掌好權。"

　　王國福同志，是北京市大興縣紅星人民公社金星生產大隊大白樓生產隊革命領導小組組長。他無限熱愛偉大領袖毛主席，聽毛主席的話，不忘階級鬥爭，不忘鞏固無產階級專政。他懷著共產主義的偉大理想，為革命掌好權，十七年如一日，忠心耿耿，"拉革命車不鬆套"，"做無產階級和人民大眾的'牛'"，鞠躬盡瘁，死而後已。"

鐵打的骨頭，舉紅旗的人

　　一九二二年，王國福出生在山東省汶上縣一個三輩扛活的貧農家庭。全家十二張嘴，一畝半地，一年到頭，靠榆樹皮、蘿蔔纓、楊樹葉糊口。寒冬臘月,一家人拉扯著蓋一條破棉被。他的父親,被地主老財榨乾了血汗,到死只落得高粱秸裹身。王國福從小要飯,十二歲逃荒來北京當長工。是毛主席、共產黨把他從苦海裡救出來。

他階級仇深,深似海,革命志堅,堅如鋼。王國福堅信毛主席的話:"只有社會主義能夠救中國。"他當幹部十七年不斷革命,帶領貧下中農,沿著毛主席指引的社會主義大道,勇往直前!

一九五二年,王國福帶領兩戶貧農,人力拉犁,小驢套車,組織起全鄉第一個互助組。

一九五五年,王國福和貧下中農一道,擊退了一小撮階級敵人和資本主義自發勢力刮起的"退社"妖風,鞏固了社會主義陣地,奪得了合作化後的第一個豐收年。就在這一年,王國福光榮地參加了中國共產黨。紅旗下,他仰望救星毛主席,含著熱淚舉手宣誓:俺跟定毛主席,革命到底不回頭!

一九六五年,紅星人民公社有的幹部按照反革命修正主義分子彭真之流的黑旨意,跑到一個生產隊,不顧那裡貧下中農和革命幹部的強烈反對,販賣叛徒、內奸、工賊劉少奇"三自一包"的黑貨,搞了一套"包產到組,定壟到人"的黑經驗。舊北京市委的一小撮走資派如獲至寶,很快把它封爲"紅旗"。一時黑風掀起惡浪,胡說什麼"學大寨看不見,學這面紅旗最方便。"這年秋天,王國福"奉命"到那個生產隊"參觀"。他邊走邊看,越看越氣。同行的一位生產隊長問他,"你覺得這裡的經驗怎麼樣?"王國福氣憤地說:"由大化小,由小到戶,不成單幹?這是死路一條,萬萬走不得!"

王國福回村後,公社有的幹部見他對那套黑經驗不理不睬。又令五申,要他帶領全村幹部住到那個生產隊去"取經"。王國福斬釘截鐵一句話:"俺要聽毛主席的話,插大寨的旗,走大寨的路!"他沒有派去一個人。

公社有的幹部暴跳如雷，不斷施加壓力，大會批評，個別談話。什麼"不學先進"，"無組織無紀律"，"缺乏黨性"，"喪失立場"，一大堆"帽子"扣到王國福頭上。王國福沒有被嚇倒，還是斬釘截鐵一句話："俺要聽毛主席的話，插大寨的旗，走大寨的路！"

公社有的幹部氣急敗壞，派人進村，強令推行那套黑經驗。大白樓村展開了一場激烈的鬥爭。王國福堅信，貧下中農最聽毛主席的話。他組織社員學習毛主席關於"千萬不要忘記階級鬥爭"的教導，學習大寨經驗，憶單幹的苦，思集體化的甜。在全體社員大會上，王國福激動地高聲問大家：

"俺隊的土地分不分？"

"不分！"

"俺隊的牲口農具分開行不行？"

"不行！"

"俺隊學不學他們那一套？"

"不學！"

王國福堅定地說："對，不理他們那一套！俺們就是不走回頭路，不吃二遍苦，奔社會主義要豁出命幹。毛主席指的路，俺們走定了！"王國福對派來的幹部說："大白樓村貧下中農一心奔社會主義，不搞邪的、歪的，你回去吧！"

激烈的階級鬥爭，一個回合接著一個回合。有的幹部反對毛主席的"自力更生"、"艱苦奮鬥"的方針，又跑來兜售"三給"黑貨（給投資、給貸款、給義務勞動）。王國福針鋒相對地說："俺們發展集體生產，靠的是毛澤東思想，靠的是大夥的苦幹精神。俺們不吃投資，不吃貸款，不吃義務勞動！"他在大會小會講"三不吃"，在社員炕頭講"三不吃"，在田邊場院講"三不吃"。他走到哪講到哪，講得大夥心裡亮堂堂。人們依靠毛澤東思想，憑著勤勞的雙手，奮力建設社會主義新農村。貧下中農讚揚王國福說:"真是鐵打的骨頭,舉紅旗的人!"

無產階級文化大革命運動開始了,王國福決心在革命群眾運動的烈火中,進一步提高路線鬥爭覺悟,永遠為貧下中農掌好權。一天深夜,王國福打開紅彤彤的《毛主席語錄》念著:"我們的責任,是向人民負責。……如果有了錯誤,定要改正,這就叫向人民負責。"他心裡熱乎乎的,輕輕地把二小子推醒,又指著"對同志對人民的極端的熱忱"這句話,問"熱忱"二字怎麼解釋?問清楚後,他滿懷深情地用紅鉛筆在"熱忱"二字旁畫了一個紅太陽。

王國福無限熱愛毛主席,遵循毛主席的教導,熱忱地挨家挨戶徵求貧下中農的意見。他對社員說:"俺為人民服務,做了一百件事,對了九十九件,應該;錯了一件,也應該檢查。大夥給俺提意見,是幫助俺更好地革命。"

一小撮階級敵人互相勾結,瘋狂地進行垂死掙扎,煽動資產階級派性,打擊無產階級革命派。王國福"靠邊站"了。但是,王國福繼續革命的精神,卻永遠沒有"靠邊站",他始終站在鬥爭第一線。廣大貧下中農和他站在一起,同階級敵人進行了針鋒相對的鬥爭。在一次社員大會上,王國福虛心地聽取社員的批評意見。會議結束的時候,他要求大家等一等,說:"俺對隊裡工作還有些話要說。"這時,一個壞傢伙又跳出來叫嚷:"你算老幾,靠邊站!"廣大貧下中農大聲說:"我們要聽他講!"王國福對村裡工作提出許多寶貴的建議。社員們稱讚:"國福心高沒法量啊!"

王國福還熱情地幫助別的幹部,鼓勵他們積極參加無產階級文化大革命,經風雨,見世面。他說:"俺們幹部,就是要經得起考驗,拉革命的車絕不能鬆套!"

王國福心紅眼亮鬥志堅。他針對大白樓村社員大部分都是從山東、河北逃荒來的情況,向群眾反覆講:"山東、河北的貧下中農都是一家人，山東、河北的地主老財都是階級敵人。"揭露一小撮階級敵人妄圖利用同鄉宗族的關係攪亂階級陣線，混水摸魚的陰謀，促進兩派革命群眾迅速實現了革命大聯合。全村貧下中農一致選王國福同志當生產隊革命領導小組組長。他滿懷戰鬥豪情表決心："大夥兒信得過，俺拉革命車不鬆套，要一直拉到共產主義！"

無產階級文化大革命的熊熊烈火，把王國福無限忠於黨和人民的一顆紅心錘煉得更紅了。他高高舉起馬列主義、毛澤東思想偉大紅旗，帶領廣大革命群眾，向階級敵人展開更加猛烈的進攻，把隱藏得很深的逃亡地主、歷史反革命份子揪了出來，有力地鞏固了無產階級專政。

身居"長工屋"，放眼全世界

毛主席教導說："沒有堅定正確的政治方向，就不能激發艱苦奮鬥的工作作風；沒有艱苦奮鬥的工作作風，也就不能執行堅定正確的政治方向。"王國福"拉革命車不鬆套"，當幹部十七年，始終堅持正確的政治方向，保持艱苦奮鬥的工作作風。大白樓村的貧下中農，永遠不會忘記他身居"長工屋"，放眼全世界的動人事蹟。

大白樓村有幢地主的"大白樓"，早已倒塌了；現在，"大白樓"腳下的那間"長工屋"，就是舊社會地主剝削、壓迫農民的歷史見證。王國福幫助貧下中農蓋新屋，自己卻一直住在那間"長工屋"裡，他不忘階級苦，牢記血淚仇，一心想著階級兄弟，一心想著革命事業。

王國福住的"長工屋"，土坯砌牆，花秸搭頂，連根椽也沒有，窗戶只是橫豎著幾根木棍棍，寬不過七尺多，長不過丈餘，土炕連著鍋臺占去屋內大半地方。他在牆上端端正正掛上偉大領袖毛主席像。紅太陽照進"長工屋",裡裡外外亮堂堂。

村上的貧下中農,見王國福一家六口擠在那間小小的"長工屋"裡,都勸他蓋新房。王國福總是笑笑說:"多吃點苦修不了。俺住上新房,倒是挺舒服,可是趕上下雨,就容易忘記階級兄弟。"

一個夏天的深夜,狂風暴雨,雷電交加。王國福住的"長工屋","滴答""滴答"不停地漏水。他想起了那些還住破房的階級兄弟,翻身下炕,衝出家門,頭頂大雨,腳趟流水,挨戶查看。有一戶貧農的炕上支起"天篷",一家人正急得團團轉,王國福推沒有。王國福跑進老大娘家,一把抓住她的手說:"這裡住不得了,快跟我走!"大娘激動得流出熱淚,說:"隊長,這麼大的雨,你又跑出來了,可別淋壞啦!"王國福說聲"走!"背起大娘就轉移到一戶住上新房的社員家。後來他又拿了隊裡育稻秧的塑膠布,給那些住在破房裡的貧下中農蓋屋頂。最後,連他披的那塊塑膠布也蓋在一戶貧農的屋王國福屋裡照舊漏水。原來,他一夜沒回家,天剛亮又組織社員到地裡開溝放水去了。

多少個傾盆大雨的夜晚,王國福就是這樣整宿整宿地在村子裡轉。

大白樓村的貧下中農,大都是解放前從外地逃荒來的,地無一壟,房無一間。他們原先住的是土改時分的地主讓長工住的破土坯房,不能遮風擋雨。王國福早就立志要改變這種窮困面貌。他帶領群眾,在發展生產的同時,栽了兩萬棵樹,為蓋房準備木料;又說服社員改變過去蓋房大吃大喝的舊風俗,互助合作,換工蓋房。隨著集體生產的不斷發展,大白樓村發生了喜人的變化:一幢幢新房蓋起來了,破爛的土坯房越來越少。

王國福在大隊磚廠當過兩年廠長,幫助許多貧下中農蓋起了新房。可是,他自己沒有買過一塊磚,從來沒有想過為自己蓋新房。

他姐姐家是本村的一戶老貧農,住的那間土坯房又小又破,早就想蓋新房。王國福幾次勸說:"俺們隊勞力不多,你先蓋房就要耽誤別人蓋房。還是先讓別人蓋吧，多住幾年破房，一樣幹革命。"姐夫、姐姐聽了他的勸告，把蓋房的時間推後了好幾年。他的大兒子有了未婚妻以後，又有人勸他："這回該你蓋房了吧！"他笑笑說："等全村貧下中農都住上新房，才輪到俺呢！"

一天晚上，住上新房的一位老貧農，來到王國福的"長工屋"，看見他幾個孩子擠在一個小土炕上，不由得心疼地說："你光為大夥操心，也該照顧照顧這個家，趕快蓋房吧！"王國福拿起學大寨的小冊子，一把拉過這位老貧農，說："毛主席叫俺們學大寨，俺們就要好好學，像大寨貧下中農那樣，比對毛主席的熱愛，講對國家的貢獻；不能比闊氣，不能講排場！"

到一九六九年春天，全村三十一戶貧下中農，三十戶都住上了新房，唯獨王國福還是住著那間小小的"長工屋"。

貧下中農看看村裡一幢幢的新房，場院裡堆積如山的秸草，豬場裡一群群的肥豬，糧倉裡逐年增多的餘糧，再看看王國福還是住在那間小小的"長工屋"，更加激起對老隊長的關懷。他們又找到王國福說："老隊長，你一門心思撲在'公'字上，為俺們蓋房操碎了心。這回可輪到你蓋房了吧！"王國福身居"長工屋"，胸懷革命志，不忘階級苦，不忘中國革命和世界革命。他回答說："當幹部就是要拉車不坐車，拉革命車不鬆套！世界上還有許多勞動人民受苦受難，等臺灣解放了，俺再蓋房也不晚！"

王國福"拉車不坐車！"他就是要"做無產階級和人民大眾的'牛'"。

王國福"拉革命車不鬆套！"他就是要"完全"、"徹底"地為中國人民和世界人民服務。

"圖的是不吃二遍苦，圖的是共產主義"

王國福當幹部十七年，一心為公，一塵不染。他是大白樓村一棵久經風雨的青松。

公社有的幹部賣勁地推行叛徒、內奸、工賊劉少奇反革命的修正主義路線，經常發獎金、送禮物、擺酒席，拉攏腐蝕幹部。王國福拒腐蝕，永不沾。有一次，公社有的幹部把從公社池塘打撈的一批魚分給幹部。王國福看到給他送來一條五斤重的魚，問：

"社員有沒有？"回答："只給幹部。"他氣憤地說："這是搞特殊化，俺不要！"一九六二年的一天，王國福接到大隊"開會"的通知，趕去一看，屋裡擺著一桌桌雞鴨魚肉和白酒。他怒火滿腔地說："給幹部嘴上抹蜜，搞資本主義，這是白日做夢！"轉過身來，一甩胳膊就走。他回家揭開鍋蓋，揣起一塊糊餅，就下地和社員幹活去了。

一天，王國福從場院裡拿了一把稻草，準備捆家裡的豬食缸。他找到會計，說："稱一稱，記上帳。"會計笑了："嗨！一把稻草能值多少錢，還上什麼帳！"王國福認真地說："集體的一根草，也不能隨便拿。"他看著會計上了帳，才離開。就在這個帳本上，還記著王國福另一筆帳。那是一九六八年七月七日上午，王國福從場院背了一筐麥糠，又找到會計，說的還是那句話："稱一稱，記上帳。"會計說："哪來這個規矩？別人用點麥糠都不記帳，你也就算了。"王國福嚴肅地說："集體的便宜，絲毫不能占！"會計只好算了算，一斤麥糠八厘錢，王國福的一筐麥糠十五斤，記上一角二分。

王國福見了有人損公肥私，就堅決鬥爭。一九六二年夏天，大隊一個幹部路過大白樓村的瓜地，隨便吃了個瓜。王國福趕去提出批評："你給社員做的什麼榜樣！"那個幹部趕忙說："給錢，給錢！"王國福說："這幾個錢還不夠俺買紙寫大字報呢！不是幾個錢的問題，俺們幹部要處處作模範啊！"那個幹部當場作了自我批評。事後有人對王國福說："你何必那樣認死理。"王國福說："一個瓜，是小事，可它像桿秤，能約出一個人私心的分量。有些人變壞，往往是從‘小事’開的頭。俺們當幹部的，一把草也得見見斤！"

王國福是個不叫困難的剛強漢，從來沒有向隊裡伸過手，借過錢。他這次生病期間，生產大隊看到他家有些困難，派人給他送去五十元補助費。劇烈的病痛，沒有使這位革命戰士叫過一聲苦，流過一滴淚；可是，他看到階級兄弟送來這些錢，舊社會的辛酸，新社會的幸福，一齊湧上心頭，他熱淚盈眶地說："眼下的日子比舊社會強多啦，有啥困難？隊裡的錢，是社員的血汗，一分一厘都要花在集體事業上。"他硬是把五十元錢塞到來人的手裡，不肯接受生產大隊給他的補助。

"貪污和浪費是極大的犯罪。""節省每一個銅板為著戰爭和革命事業"。王國福經常用毛主席的教導教育幹部和社員勤儉辦社。有一次，他揀到一顆釘子，對保管員說："心裡想著節約，眼裡要有東西，邊走邊揀。一顆釘子揀起來，到時就用著了！"一天，他看見會計用著一把新算盤，奇怪地問："哪來的？"會計說："舊的不好使了……"王國福說："帳算得好壞，不在算盤在思想！要心裡想著節約，要節約每一個銅板，一分錢要掰成兩半花！"

廣大社員讚揚說："國福當幹部，沒有白拿集體一根草，沒有多吃集體一口糧，沒有亂花集體一分錢。幹重活，他總是第一個；分東西，他總是最後一個。他真是俺大白樓村的好當家！"

王國福公而忘私，一心想著革命，想著集體，心裡卻沒有他自己。他愛人患重病，常年躺在炕上起不來。但是，他從來沒有因為家務事妨礙革命工作。一九六二年秋的一天，他愛人指著懷裡的小女兒對他說："孩子他爹，留家吧，照看照看孩子。今天俺特別難受，心裡直堵得慌。"王國福解釋說："孩子他娘，隊裡正搶收水稻，俺們不能為家務事誤了工作啊！"他安排好家務，就出門了。傍晚，人們把他從地裡叫回來，他愛人已經去世了。留下的四個孩子,最大的十二歲,小的不到一歲。他又要幹工作,又要照料孩子,更忙得連個歇腳的空兒也沒有。他沒有叫過一聲苦,沒有說過一句怨言。有人勸他:"別當幹部了,把孩子拉扯大再說吧!"大隊幹部也找他商量,準備給他調換工作。可是,王國福沒有忘記,在那萬惡的舊社會,三個不滿十歲的哥哥,一年內先後無辜死去;大哥被地主的羊頂死;二哥被地主用藥害死;三哥被活活的餓死。王國福對關心他的階級兄弟說:‧"只要貧下中農信得過,俺就絕不為個人困難撂挑子。"他姐姐問他:"你當幹部圖個啥?"他豪邁地說:"俺當幹部,圖的是貧下中農不吃二遍苦,圖的是共產主義!"

王國福為革命忠心耿耿,他當幹部十七年,當"官"不像官,革命加拼命,實幹加苦幹。下雨了,他帶領社員在地裡堅持苦幹,說:"它下它的雨,俺幹俺的活,幾個乾巴雨點算個啥!"三夏又忙又累,他藐視地說:"這算什麼!俺們不怕累,幹革命就不怕掉肉!"他常年手不離鍬,鍬不離手,走到哪兒,幹到哪兒。社員們親切地叫他"萬年勞"。全村數他睡得最晚,起得最早,沒有人看見他睡過一個晌覺,夜裡不管忙到多晚,他都要東邊豬場看看,西邊場院轉轉。

"萬年勞"王國福,常年為集體奔跑操勞,有時睏得吃飯筷子落地,一碗粥扣在大腿上。他帶領廣大社員戰天鬥地,治城治硝,改田種稻,科學種田;同時大力發展養豬事業。昔日"人窮地薄莊稼少,鹽鹼澇窪長白硝"的大白樓村,如今豬滿圈,樹成行,稻穀香。糧食畝產量由解放初期的幾十斤,上升到一九六九年的七百二十五斤,平均每戶超過萬斤,每人超過兩千斤,做到隊有儲備,戶有餘糧。全隊公養豬平均每戶四頭半,公養私養平均計算,達到了一人一頭豬。偉大的毛澤東思想的光輝照耀著社會主義光明大道,大白樓村快馬加鞭,向前飛躍。

"只要俺還有一口氣，就要讀毛主席的書"

"只要俺還有一口氣，就要讀毛主席的書，就要保衛毛主席！"王國福懷著對毛主席的深厚無產階級感情，用頑強的戰鬥意志實踐了自己的光輝誓言。

偉大領袖毛主席關於"在農村，則應由工人階級的最可靠的同盟者 —— 貧下中農管理學校"的指示發表後，王國福熱情宣傳，堅決落實。他同社員鋸倒村頭那棵老柳樹，做成簡易桌，又壘起了一些土坯台。在一間低矮的土房裡，大白樓村民辦小學誕生了！王國福登臺講第一課：千萬不要忘記階級鬥爭。他用自己當年當要飯娃、小長工的悲慘生活，給孩子們憶苦思甜。他激動地說："今天你們不出村就能念書，這全托毛主席的福。俺們不能好了瘡疤忘了痛，要在這'土窩窩'裡，好好讀毛主席的書，把馬列主義、毛澤東思想一代一代傳下去！"

王國福還把這"土窩窩"，作為向全體社員宣傳毛澤東思想的一個陣地。一九六九年農曆除夕，他把全村社員請到這"土窩窩"裡吃憶苦飯，重溫毛主席關於"艱苦奮鬥"的教導。他說："眼下大夥都住上新房了，吃著大米、白麵，可不能忘本呵。俺們生活在毛主席身邊，多幸福！要跟定毛主席幹革命，艱苦奮鬥一輩子。"

一九六九年春天，他送大兒子正橋參軍，邀集了三十多年前同自己一道逃荒的親姐妹，用粉渣、稻糠、蘿蔔纓做憶苦飯，憶苦思甜。他對正橋說："拿出筆記本來，爹說一句，你記一句。"王國福含著淚水，講階級苦，訴血淚仇。生在新社會、長在紅旗下的正橋，邊聽邊記邊擦淚。在那暗無天日的舊社會，"東山老虎吃人，西山老虎也吃人。"一年到頭，多少窮人累斷筋骨餓斷腸，賣兒賣女逃災荒。王國福當長工，幹的是牛馬活，吃的是豬狗食。他和窮夥伴們結成團，跟富農算剝削帳，爭生存權，頑強不屈。一個風雪天，富農把他趕出門。印把子不在窮人手，哪有評理的地方？從此後，他過著"春熬硝，夏打草，秋撈魚，冬天跑，一年到頭還是那件破棉襖"的苦難生活。是毛主席、共產黨領導勞動人民拿起槍桿，打下江山，使他翻身得解放。他一再囑咐兒子說："好好聽毛主席的話，千萬不要忘記階級鬥爭。只要俺們還有一口氣，就要保衛毛主席。握緊槍桿子，跟帝、修、反拚到底！"

這一年七月二十六日，王國福應邀到金星中學介紹自己學習毛主席關於無產階級專政下繼續革命學說的體會。他講著講著，突然大口大口地嘔吐起來。師生們著急地問他得了什麼病，要送他進醫院。他笑笑說："沒關係，胃不好，頂得住。"他吐了一次又一次，以驚人的毅力繼續講下去。誰也沒有想到，胃癌正威脅著這位無產階級優秀戰士的生命！

八月四日，王國福接到大隊的通知，去聽傳達以毛主席為首的黨中央的最新戰鬥號令。他正要出門到幾里外的大隊部去，八歲的女兒拉著他的衣襟說："爸爸，你三天飯也沒有吃過，俺不叫你走！"這三天，他胃疼得特別厲害，吃什麼吐什麼。他輕輕摸著女兒的頭說："好孩子，聽話，快上學去。爸爸要去聽毛主席的聲音。"王國福按著胃部，滿頭大汗，搖搖晃晃地走進會場。同志們看了猛吃一驚，都關心地勸他回家休息。他笑著搖搖頭說："俺要聽毛主席的聲音！"他忍著劇烈的疼痛，一直堅持到會議開完。回去的時候，他還沒有到家，就栽倒在村頭麥秸垛裡。當天，人們把昏迷不醒的王國福送進醫院。他從昏迷中清醒過來，望著來看他的階級兄弟，說的第一句話是："毛主席的最新戰鬥號令落實沒有？"

王國福動手術後，剛能夠起床，就手扶著牆，一步一步挪到窗前。他望著遠方一片金黃的水稻，向醫生懇求："請你告訴村裡，來輛大車拉俺回去罷！"醫生說："你還沒有好，一動就累壞了。"他說："俺不能勞動，走走看看，也能幫大夥出點主意。"醫生堅絕不同意他出院。王國福在醫院裡，天天學習毛主席著作，天天宣傳毛澤東思想。他識字很少，虛心求教，在毛主席著作和《毛主席語錄》上，做了很多記號。在他的倡議下，病員們組織起毛澤東思想學習班，大家選他當組長。他手扶著牆，從一個病房到另一個病房，組織大家學習。他對一個好讀閒書的年輕病員說："你們青年人朝氣蓬勃，正在興旺時期，要好好讀毛主席的書，這是根本的根本。"說得那位青年捧起了毛主席的書。王國福同志的病情越來越嚴重，他已經不能起床了，但還諄諄囑咐學習班的一位病員說："學習毛主席著作，一天也不能中斷。俺要是不行了，你就接著幹，領著大夥好好學。"

死亡在威脅著王國福同志，黃豆般的汗珠，從他消瘦的臉上，一一個勁地往下淌。他緊咬牙關不哼一聲，醫生要用藥物減輕他的痛苦，他用微弱的聲音說："不用了，寶貴的藥，留給階級兄弟用吧！"他不時用顫抖的手翻開光輝的毛主席著作，不時唱起毛主席語錄歌："下定決心，不怕犧牲，……"

"老隊長不行了！"消息傳到大白樓村，許多人摸黑趕到醫院，看著滿頭虛汗的老隊長，像揪心似的難過：老隊長，你可不能離開俺們呵！王國福手按著胃部，忍著胃癌的劇痛，像往常那樣，一開口就提隊裡的事。他說一句話，吐一個字，都已經很吃力，還囑咐大夥養好隊裡的豬，收好隊裡的稻。王國福"拉革命車不鬆套"的革命精神，永放光芒！

一位老貧農把熱淚忍了又忍：多好的老隊長！總是這樣想著集體，家裡的事一句也不提。他憋不住問："你想不想哪個孩子？俺領來你看看？""新社會的孩子很幸福，俺放心！往後你們給管緊點。""是不是打電報讓正橋回來一趟？…'不用了，部隊任務要緊。……你給俺把老支委叫來！"

這時候，老貧農趕緊扭過頭去，忍不住的熱淚刷刷往下流。他明白了，老隊長要找老支委，談整黨建黨的事。王國福在他生命的最後一刻，想到的仍舊是黨，是無產階級革命事業！

第二天，老支委他們從醫院回到村裡，一個個兩眼通紅。社員們含著熱淚，圍過來，沉默著，期待著：老隊長最後囑咐了些什麼！

"一定要聽毛主席的話，……艱苦奮鬥，……繼續革命，…整好黨，掌好權。"這就是無產階級優秀戰士王國福同志給階級兄弟的最珍貴的遺言。、

大白樓村貧下中農永遠懷念老隊長，王國福同志永遠活在革命人民的心中。人們站在這位無產階級優秀戰士生前居住的"長工屋"前，莊嚴地表示：一定聽毛主席的話，像王國福同志那樣"拉革命車不鬆套，一直拉到共產主義！"

（原載《人民日報》1970 年 1 月 20 日）

王鐵人的故事

大慶油田工人寫作組

王鐵人，是大慶人對王進喜同志的親熱稱呼。

在五十年代的大躍進中，王鐵人堅決貫徹執行毛主席的建設社會主義的總路線，發揚敢想敢幹的革命精神，以“鑽透祁連山，玉門關上立標杆”的豪邁誓言，帶領英雄的一二〇五鑽井隊，創造了全國鑽井進尺的最高紀錄，被選爲全國勞動模範。

六十年代的大慶石油會戰中，王鐵人一不怕苦，二不怕死，同天鬥，同地鬥，同階級敵人鬥，同錯誤思想鬥，在開發建設大慶油田，甩掉我國石油落後帽子的偉大鬥爭中，建立了豐功偉績，被稱爲工人階級的“鐵人”。

無產階級文化大革命中，王鐵人始終和廣大革命群眾在一起，堅持把文化大革命推向前進，險風惡浪不回頭，刀山火海敢衝鋒，是執行和捍衛毛主席無產階級革命路線的英雄。

王鐵人在黨的“九大”被選爲中央委員後，牢記毛主席關於“不要脫離群眾，不要脫產，又要工作”的偉大教導，身不離勞動，心不離群眾，堅決落實黨的各項方針政策，是普通的勞動者，又是繼續革命的帶頭人。

在和病魔作鬥爭中，王鐵人生命不息，鬥爭不止，把治病的醫院變成戰鬥的陣地，堅持宣傳馬克思列寧主義、毛澤東思想，不忘中國革命和世界革命，時刻懷念大慶廣大軍民，是完全、徹底幹革命，掏盡紅心爲人民的革命“老黃牛”。

鐵人王進喜同志是我國工人階級的先鋒戰士,大慶油田的英雄代表,是執行和捍衛毛主席革命路線的好帶頭人。他的一生,是革命的一生,戰鬥的一生。他為我們留下的"鐵人精神",永遠激勵著我國人民勇往直前。下面寫到的,是鐵人王進喜同志戰鬥在大慶油田的幾個故事。

激流勇進

一九六〇年三月,一列滿載旅客的紅色列車,迎著朝陽,頂著寒風,向大慶方向飛馳。

在列車前廂的視窗旁,坐著一位體格壯實的中年人,他頭戴一頂工人帽,身披一件老羊皮襖,左手拿著一本"學習筆記",一雙炯炯有神的眼睛盯著幾行金光閃閃的大字:

"我們正在前進。

"我們正在做我們的前人從來沒有做過的極其光榮偉大的事業。

"我們的目的一定要達到。

"我們的目的一定能夠達到。"

一會兒,他合上本子,緊鎖的雙眉舒展開了,臉上露出充滿信心的微笑,彷彿想了很多很多,想得很遠很遠。

"嗚 —— "一聲長鳴,列車在一個小站上緩緩停了下來,他又趕忙探出頭去,仔細察看著月臺上的地名。

"王隊長,離大慶還遠哩。這幾天,你一直沒有好好休息,這會安心睡一覺,保證誤不了站!"坐在右邊位置上的一個青年工人,一手拿著地圖,一手指著線路對他說。這個小夥子叫張成志,剛穿了半年工作服。他說的這個王隊長,就是一二〇五鑽井隊的隊長王進喜。這次是專程從玉門到大慶參加石油會戰的。一路上,他的心情一直不能平靜。睡,睡不著,坐,坐不住,每到一個車站，總要問問別人，離大慶還有多遠，啥時能到。同志們多次勸他休息，他總是說：「心裡急，睡不著。」這會聽了張成志這一番話，他回過頭來，認真地說：「小張，我是帶著一股子氣來大慶的，不到大慶，肚子裡這股氣憋得慌呀！」

王進喜是帶著一股子什麼氣來大慶的呢？

一九五九年，王進喜代表英雄的一二〇五鑽井隊到北京出席全國群英會。一次，他看見馬路上汽車背個包來回跑，感到奇怪，就問別人：「這是哪國造的，上面背那傢伙幹什麼？」人家告訴他，因為咱們國家缺油，汽車沒油燒，燒的煤氣。王進喜聽了，心裡就像錐子紮的一樣。真急人啦，我們這麼大個國家，沒有汽油燒還了得？作為一個中國的石油工人，能讓國家作這麼大的難，能讓帝國主義看我們的笑話嗎？

可那時候，偏偏就有些人說「中國貧油」，只能靠「洋油」過活。這種論調說起來還滿有點歷史淵源呢！早在一九一四年，有個美國佬來到中國考察石油時就說：「中國沒有石油。」過了六年，一個叫艾·斯達金的美國人又公開地說：「中國石油儲量極其貧乏。」到了一九四五年，國民黨反動派又「請」來一個美國石油「專家」，這傢伙吃飽喝足之後，裝模作樣帶著一夥人跑到戈壁灘上，打了幾個窟窿，放了幾眼炮，最後只說了句：「建議你們忘卻了吧！」就這樣，西方資產階級強加在我們頭上的「貧油國」的帽子，一直壓在中國人民的頭上，大量的「洋油」搜刮著中國人民的血和汗！

王進喜在舊社會，受盡了階級苦、民族苦和中國貧油落後的苦。他下決心要為發展我國的石油工業貢獻自己的一切。他一聽有人說「中國是貧油國」這樣的論調就非常氣憤。他說：「我就不相信石油都埋在外國的地下，不埋在我們的地下。」憑著他多年的實踐經驗，他一直相信中國有豐富的石油資源，相信中國工人階級的力量。

在這次會議期間,王進喜聽說我國發現了一個新油田。他高興得跳了起來,回到宿舍,立即給領導打報告,申請去開發新油田,他說:"帝國主義睜眼胡說我們貧油,今天我們石油工人硬要拿下個大油田給他們看看!"

全國群英會結束後,王進喜回到了玉門。他左等右等,調令沒下來。這期間,國際上帝國主義、現代修正主義、各國反動派乘機聯合反華,蘇修適應美帝需要,在石油上卡我們的脖子。他們賣給我們一噸航空汽油,要搭配許多種我們不需要的油品,價格卻比賣給資本主義國家的高一倍還多,還在航空油裡面摻進了泥沙和水,甚至有馬糞、高跟鞋等亂七八糟的東西。在國內,叛徒、內奸、工賊劉少奇一夥,在工業上刮起"下馬"黑風,千方百計破壞開發油田。王進喜義憤填膺,心似火燎,他一次又一次向領導申請,堅決要求到新油田參加會戰。

調令終於下來了。王進喜高興得徹夜不眠,他當晚就整理好了行李,把全部東西都交給火車托運,隨身只帶了一套全國群英會上發的《毛澤東選集》,就和井隊三十二個戰友一起動身了。在車上,他組織大家學習毛主席著作《為人民服務》,讓大家討論,為什麼參加會戰?有的同志說:"去打井搞油唄!"王進喜對大家說:"這話也對,但不完全。我們是去革命!帝國主義和修正主義在石油上卡我們。我們一定要拿下這個大油田,甩掉我國石油落後帽子!"

一九六○年三月二十五日,王進喜和全隊工人到達大慶車站。他走下火車,就向會戰指揮部奔去。踏進辦公室,他一不問吃,二不問住,開口就是三句話:

"我們的井位在哪裡?"

"鑽機啥時能到?"

"這裡打井的最高紀錄是多少?"

指揮部的同志告訴他:"井位在馬家窯。你們先安下家,鑽機來了通知你。"

　　王進喜聽到"井位在馬家窯",轉身就出了門。後面說的兩句,根本就沒進耳。他們在大草原足足走了兩個小時,才找到了馬家窯。他站在土丘上,隨手扒開積雪,從地上抓起一把土來,嘿!這是什麼樣的土啊?黑呼呼的!他好像已經看到了這黑土底下的大片大片的油層。解放前,他挨過地主的杠子,工頭的鞭子,洋人的青銅棍,從來沒有掉過一滴淚。今天,早就夢想的大油田展現在他的眼前,他激動得熱淚盈眶。

　　他把身上的棉工服一撩,眼淚一抹,高聲對大家說:"這裡就是大油海,咱們擺上鑽機,敞開幹吧!這下可要把石油落後帽子扔到太平洋裡去啦!"他恨不得一拳頭就砸開地層,讓烏黑發亮的原油嘩嘩地噴射出來,送到北京,送到祖國的每一個地方,向黨向毛主席報喜,向全國人民傳去勝利的捷報。

　　馬家窯的老鄉,一聽從玉門來的石油工人要在這裡打井取油,十分高興,立即來到了井場。貧農趙大爺和趙大娘拉著王進喜的手,激動地說:"老早就聽說你們要來這裡,今天,可把你們給盼來了!"趙大爺看到大家剛從草地上站起來,就問:

　　"住處都有了吧!"

　　"老大爺,我們想從村裡借幾把鍬、鎬挖個地窩子,就能安家啦!"王進喜笑著回答。

　　"在野地裡安家?這大草原無遮無蓋,冰天雪地,地窩子裡咋受得住?走,到屯裡歇去!"

　　王進喜感激地說:"老大爺,我們就要在這裡打井,還是住在這裡!"

　　趙大爺硬要大家到屯裡去住,王進喜說什麼也不肯。沒辦法,趙大爺就跟老鄉一起,把大家領到離井場不遠的一間破馬棚裡。

　　三月的大慶,仍是寒風凜冽,滴水成冰。夜裡,三十多個人在一間四面透風的馬棚裡，只好背靠背地擠著過夜。王進喜先給大家生了火，把同志們安排住下了，最後，實在擠不開，他自己就抱了一堆乾草，摸到了一個夾道上睡下來。第二天醒來一看，原來睡在一口水井邊上，地下全是冰。艱苦的環境，鍛煉著人們，也考驗著人們。第二天早上，在城市裡念了十二年書的張成志，半躺在背包上說："這個鬼地方，冰天雪地的，連個住的地方都沒有，還能打井？"王進喜心想，這個在新社會成長起來的青年人，在玉門時幾次申請來大慶，要求到最艱苦的地方去，在火車上興奮地用小蒲扇般的手掌指揮大家唱歌。而現在，眼前遇到了困難，他卻有點叫苦了。王進喜決定抓住這個思想苗頭，對大家進行一次思想教育和戰前動員。

三十幾個人，圍在火堆旁，啃著從火車上帶來的乾麵包，目不轉睛地看著王進喜手裡的那套《毛澤東選集》。王進喜打開書，組織大家學習《為人民服務》和《紀念白求恩》。讀完，他問大家："你們想過沒有，白求恩那麼大歲數了，技術那麼高明，他來中國幹什麼？張思德燒炭，又髒又苦又累，他當時是怎麼想的？張思德燒炭的時候住啥房，你們知道嗎？"隊長的幾句話，引起了大家的深思。接著，他又打開《矛盾論》，給大家讀毛主席關於要抓主要矛盾的教導，特別把"任何過程如果有多數矛盾存在的話，其中必定有一種是主要的，起著領導的、決定的作用，其他則處於次要和服從的地位。因此，研究任何過程，如果是存在著兩個以上矛盾的複雜過程的話，就要用全力找出它的主要矛盾。捉住了這個主要矛盾，一切問題就迎刃而解了"這段話，一連讀了三遍。他問大家："現在我們碰到的主要矛盾是什麼？"

張成志抬起頭來望望自己的隊長，撓撓頭皮說："當前，我看我們面前的主要矛盾是先蓋起房子，安起鍋灶，撐起床鋪，有個安身之地，才能在油田上創業。"

司鑽趙生海聽了，覺得小張的想法跟自己想的不一樣，就接著說：「我有另外的看法，我看現在面臨的主要矛盾，就是大家首先要遵照毛主席教導，牢固樹立不怕苦，不怕死的革命精神。人要在草原上創業，心先要在草原上紮根！」

「擒龍要下海，打虎要上山，我們來到大草原，就是為了拿下大油田！」人群中，不知誰插上了一句。

「對！」司鑽李明急忙接上去說，「拿下大油田，哪能沒有困難？依我看，這困難，那矛盾，國家缺油才是最大的困難，最主要的矛盾。這個矛盾不解決，帝國主義、現代修正主義就會利用這個缺口來卡我們，封鎖我們，我們絕不能在困難面前低頭，有天大的困難，也要高速度、高水準地拿下大油田。」

李明洋溢著革命豪情的話，說得小張不住地點頭，也給了王進喜極大的鼓舞。他站起來說：「小李的話說得好。一個人沒有血液，心臟就停止跳動。工業沒有石油，天上飛的，地上跑的，海上行的，都要癱瘓。沒有石油，國家有壓力，我們石油工人就是要自覺承擔這個壓力。我們眼前確實有很多困難。但是，這些困難頂多就是多吃點苦，多掉幾斤肉，為了甩掉石油落後帽子，就是天大的困難也一定要頂住。」

議論的時間不長，大家卻都是心裡熱呼呼的。王進喜順手又在火堆上加了一把乾柴，整個馬棚一片通亮。

「隊長，咱以後怎麼幹？」司鑽李明一邊扣著工服，一邊問王進喜。

「鑽機一到就開始幹！」

「那現在……」

「現在，」王進喜說，「到火車站去接鑽機！」

聽隊長這一說，全隊同志都「譁」地一聲站了起來，一個個精神抖擻，跟著隊長出了馬棚。

張成志緊跟在隊長身後，仔細觀察著王進喜的背影，像是沒有看夠似的。過去，這個高中畢業生看到隊長寫封一張紙片長的信，要花兩個多小時。開始學《矛盾論》時，不會寫"矛盾"二字，就在紙上畫個地主，再畫個窮人，地主用棍子打窮人，窮人奪過棍子揍地主，表示是矛盾的意思。對不懂的字，常要問自己。因此，總感到自己的隊長幹工作是沒比的，但是在學習上，就感到不見得比自己強。這時，仔細想想毛主席的教導，想想隊長的理解，他覺得隊長提出的主要矛盾確實是抓到了節骨眼上，而自己說的主要矛盾正好是頭腦中怕苦怕累情緒的暴露，從內心感到隊長站得高，看得遠，對思想問題也抓得準。想到這兒，他不由得加快了腳步，趕到隊長跟前說："隊長，你一天書也沒念，可你的《矛盾論》學得真不錯哩！"

王進喜拍拍他的肩膀，語意深長地說："咱們都應該認真學習毛主席著作，老老實實照毛主席的話去幹。"

張成志思忖著隊長的話，想起了毛主席的一段教導："學習馬克思主義，不但要從書本上學，主要地還要通過階級鬥爭、工作實踐和接近工農群眾，才能真正學到。"他自言自語地說："是啊，只有深入實際，向工人階級學習，認真改造自己的思想，才能學好馬列主義、毛主席著作，幹好工作。"

他們來到大慶火車站。眼前呈現一派緊張繁忙的景象，到處堆滿了器材，到處擠滿了人。人們高聲喊著 —— 湖南話、四川話、甘肅話、北京話、上海話……好像全國各地的人都擁到這個小站上來了；再加上火車的吼叫聲，汽車的喇叭聲，馬的嘶鳴聲，器材的撞擊聲……把個小站給搞得熱氣騰騰的。

王進喜到會戰指揮部打聽，調度員說鑽機還沒運到，要他們繼續在原地休整待命。

看著眼前這派緊張熱烈的戰鬥揚面，王進喜心想，石油工人從天南海北趕來會戰，為的是早打井，早出油，甩掉"貧油"帽子，發展我們自己的石油工業，真是為了一個共同的革命目標，走到一起來了。他和大家一商量，決定全隊人員留在車站，幫助卸運器材。

　　他領著隊員們來到一列載著龐大的泥漿泵和鑽井器材的平板車跟前，第一個跳上車廂，一邊解繩扣一邊對大家說：“先別管是哪個隊的，是來打井採油的都往下卸！”他們七手八腳地卸起來，一口氣就把一車器材卸完了。接著，這個井隊的大架子來了，那個井隊的小架子也來了，他們擔子揀重的挑，一個個都幫著卸了下來。站上來貨多，人手不夠，他們就幫著鐵路工人卸下了成車的煤炭和成堆的行李……不幾天，王進喜領導的“義務裝卸隊”的名聲，就傳遍了整個車站。

　　這天清晨，“義務裝卸隊”又同往常一樣，來到了車站。當他們剛踏上月臺時，只見一列滿載著鑽井器材的車穩穩停在了月臺旁。走在前頭的炊事員趙振林一眼就看出，在幾節平板車上，橫躺著自己熟悉的鑽機，那剎把就像鋼槍上的刺刀一樣錚錚發亮；絞車旁的空檔裡，擱著自己提慣了的兩隻大水桶。他像見了久別重逢的戰友，揚著手迎了上去，回頭向王進喜喊著：“隊長，我們的鑽機來了！”

　　“我們的鑽機來了！”

　　“我們的鑽機來了！”

　　同志們歡呼著一擁而上。

　　牧人愛駿馬，水兵愛軍艦，祖國的石油工人，最愛鑽機這親密的夥伴！就是用它，一二〇五隊在玉門浩瀚的戈壁灘上，七年中鑽井七萬多米，在石油戰線上立下了標杆！今天，又要用它，開發建設大慶油田，攀登世界鑽井進尺的高峰！同志們真是百感交集，欣喜若狂！六十多噸重的鑽機從車上卸下來，通常需要兩部吊車同時搬運。但是，當時僅有的幾台吊車、拖拉機都在幫助兄弟單位裝卸器材。他們手裡，什麼也沒有。在這種情況下，是幹，還是等？大家都很焦急。

　　王進喜心想，眼前就是跟帝、修、反打仗。他知道指導員當過兵,在朝鮮戰場上打過美國鬼子,就問指導員:"打仗時碰到困難是進還是退,是上還是下?"

"只有進,沒有退!只能上,不能下!"指導員停了停,又給大家講了個在朝鮮的戰鬥故事:

那是在臨津江畔的一次戰鬥中,部隊首長命令指導員當時所在的連隊堅守三十二號高地,阻住南逃美軍一個團的退路。敵軍憑著精良的裝備,向三十二號高地投下了數千枚炸彈,陣地上霎時硝煙彌漫,飛塵滾滾。在飛機的轟炸、掃射中,敵軍孤注一擲向陣地猛撲過來,妄圖一舉佔領三十二號高地,連隊指戰員怒火滿腔,鬥志昂揚,子彈、手榴彈打光了,就和敵人進行白刃戰,刺刀挑彎了,就用石頭砸,打退了敵人八次衝鋒,終於在兄弟部隊配合下,全部殲滅了敵人。

聽了指導員的故事,王進喜興奮地把大腿一拍,高聲問大家:"志願軍憑什麼能打退敵人的八次衝鋒?"張成志一琢磨,就搶到頭裡回答:"主要靠不怕犧牲、敢於鬥爭、敢於勝利的革命精神。""小張說得在理。"有人插上來說:"解放軍就是靠這股革命勁頭取得了革命勝利,保衛著祖國江山。咱們石油工人運鑽機,不能老想什麼卡車、吊機,也得有這股子革命勁頭。"

"咱們來個革命化領導機械化,人拉肩扛把鑽機設備運到井場上去!"指導員舉著從地上揀起來的一截鋼絲繩對大家說。

"對!"王進喜接上去堅定地說,"我們有條件要上,沒有條件創造條件也要上!"

"有條件要上,沒有條件創造條件也要上!"深刻表達了王進喜同志誓奪大油田的革命豪情壯志。

"有條件要上,沒有條件創造條件也要上!"生動反映了大慶工人階級"橫眉冷對帝、修、反",趕超世界先進水準的英雄氣概。

"有條件要上,沒有條件創造條件也要上!"充分體現了中國工人階級一不怕苦、二不怕死，無所畏懼，勇往直前的革命精神！

「對！有條件要上，沒有條件創造條件也要上！」一二五隊的工人們，跟著老隊長異口同聲地發出響亮的戰鬥誓言。

月臺上立刻出現了一片龍騰虎躍的激戰場面。什麼棕繩、撬杠、鐵管、圓木……凡是能用的東西都用上了。人們拉的拉、抬的抬、扛的扛，硬是用肩膀和雙手，把六十多噸重的鑽機從火車上卸下來，運到了幾十里外的井場上。

傍晚，王進喜和指導員拉完最後一趟回來，老遠就聽見幾個人爭執得很厲害，趕到跟前一看，原來是大家正在為安鑽機咋呼哩！

「要安鑽機，兩部吊車同時幹還吃力呢！那麼重的東西就靠咱這三十幾號人，這幾根棍子，幾條繩子，真能……」個別同志有些信心不足。

司鑽李明一步站出來說：「我看就行，隊長上午不是說過，『有條件要上，沒有條件創造條件也要上』嘛，咱不會創造條件！」

「要創造什麼條件？下坡容易，上坡難，咱在車站是往下卸，這裡是向上安，可不一樣。」

「有什麼不一樣，咱有兩隻手，什麼條件也可以創造出來！」

大家看著隊長來了，爭執也就停了。一雙雙期待的眼睛，等著王進喜下「命令」。

王進喜笑笑對大家說：「毛主席不是教導我們要學習愚公精神嗎，依我看，咱只要學習愚公移山的精神，就一定能把鑽機安上去！」

「隊長，啥時動手？」

「說幹就幹，現在就動手！」

井場沸騰了。大家有的繫繩，有的綁索，有的扛撬杠。王進喜和李明找來三塊鐵板，斜靠在鑽臺上，他見大家已經"各就各位"了，喊了聲"一 — 二 — 三"，一連喊了三次，鑽機才爬上了斜板。

這時，正從井隊路過的會戰指揮部副指揮老朱，看著這熱氣騰騰的場面，把袖子一挽："來，我也算一個！"就扛起一根鐵棍，參加了激戰。

鑽機離開地面後，撬杠就使不上多大力了。王進喜一看下面推力不夠，就弓下身子，把胸脯一挺，用肩膀扛住鑽機的底座，一寸、兩寸、三寸……鑽機慢慢地挪動著。張成志把手裡的撬杠一扔，也學著隊長的樣子，咬緊牙關，頂著鑽機的一角。

王進喜奮力扛著鑽機，操著濃重的甘肅口音，唱起了自編的號子：

　　石油工人一聲吼，

　　地球也要抖三抖，

　　石油工人幹勁大，

　　天大困難都不怕。

"嗨嗦 — 嗨嗦"，"嗨嗦 — 嗨嗦"雄壯的號子聲，在大慶草原上迴響，就像進軍的號角，震得天搖地動！

經過三個多小時的戰鬥，王進喜和同志們把鑽機裝上了鑽臺。朱副指揮看見王進喜右肩突起很高，知道他肩膀給壓腫了，緊緊握住他的手，感動得半天說不出話來。

夜裡，沒有月亮，沒有燈光，草原上一片寂靜。遠處，不時傳來幾聲火車的長鳴和惡狼的嗥叫。王進喜獨自來到井場，望著安好的鑽機，心想，眼下最要緊的是早打井，早出油，先把井架豎起來，水管一到，就開鑽。可是夜裡沒燈沒月，只好等著第二天再幹。

他回到馬棚，拿了把鐵鎬，看到有的同志已休息了，就輕輕關上門，來到井場。他找了塊平地，點了堆火，用鎬把量了量，甩掉棉衣就幹了起來。

"隊長！"張成志看見隊長沒回來休息，就披著衣服出了門，一看王進喜正在刨泥漿池，十分感動，就去房裡找鍬。沒想到同志們大多沒睡著，扛上鍬和鎬，就跟著小張一起來到了井場。隊員們個個像小老虎，有的揮鍬挖池，有的彎腰揀柴，篝火旁人影搖曳，鍬鎬飛舞。

人多力量大，眾人拾柴火焰高。火堆上加了乾柴，把個井場映得通亮。

王進喜望著這熊熊的篝火，忽閃著眼睛，彷彿從中受到了什麼新的啟示。他把鐵鎬往土裡一插，對大家說："我看三千瓦的燈炮也比不上咱這堆柴火亮！"

"是啊，咱石油工人是蓋著藍天，鋪著草地，點著篝火唄！"李明風趣地說。

王進喜說："我看有這樣的光亮，咱們就可以緊螺絲，安裝井架。"

是的，早一天安裝起井架，就能早一天打井，早一天出油，早一天摘掉石油落後帽子！工人們放下了鍬鎬，拿起扳手、管鉗，就叮叮噹噹地幹了起來。

一天一夜的緊張安裝，四十多米高的井架巍然屹立在草原上，遠遠看去，就像一根擎天柱。王進喜讓工人們把寫著"獨立自主"、"自力更生"八個金光閃閃大字的紅牌子掛在井架頂上，讓它永遠鼓舞一二五隊戰鬥！

鑽井設備都已快速安裝完畢，水管線還沒有接通。鑽機沒有水，就像人沒有血液一樣，動彈不得。王進喜心似火燎。他想，幹革命不能等，時間一分鐘也不能耽誤，就是要快擺硬上。他對大家說："沒有水，我們端水也要開鑽！"

端水？幾十噸水向哪兒去端？要端多久？用什麼來端？一

連串的問題擺在了井隊的面前。有的人不同意去端水，說："這簡直是瞎胡鬧！"王進喜問他："我們打井怎麼是瞎胡鬧！"那人反問道："你們見過哪個國家端水打井？"王進喜響亮地回答："就是我們國家。"他從馬棚裡拿來臉盆，在盆底拍了一把："走，咱們用盆盆端水去！"

初春的大慶，還沒有解凍，結冰的水泡子（小湖泊）上還能行駛馬車。王進喜找了根撬杠，砸了半天，才打出了碗口大的一個窟窿，又和同志們費了好大勁，冰面上才露出了一米方圓的水洞。

炊事員趙振林聽到隊長領著大家到水泡子裡破冰取水，把隊裡僅有的兩隻水桶拿了出來。立刻，大桶、小桶、臉盆、水壺、滅火器的外殼，都成了運水的工具，連石油工人頭上戴的鋁盔都用上了。

王進喜一雙手提了兩隻桶，跑在最前面。大家一會小跑，一會緊走，恨不得一下把全泡子的水舀到井場！

馬家窯的老鄉，會戰指揮部機關的同志，聽到一二五隊用盆盆端水打井，很受感動，紛紛找來了水桶扁擔，參加了取水的隊伍。有的人腳凍成了冰疙瘩，有的人手凍得失去了知覺，可大家都樂呵呵地說："為祖國獻石油，咱心裡熱火！"

黃昏時分，王進喜挑起滿滿的一擔水，一個虎步上了田埂，飛也似地奔向井場。張成志看見隊長虎勢勢地過來了，老遠就招手說："隊長，水夠了，水夠了！"

"好！準備開鑽！"王進喜這才抬頭換了口氣。

一九六〇年四月十四日，太陽像一團火球，從地平線上冉冉升起。王進喜迎著東方的萬道霞光，披著那件沾滿油污的老羊皮襖，一個箭步跨上鑽臺，檢查完開鑽前的準備工作，用他那粗壯而有力的手握住剎把，一陣轟鳴，開鑽了！

王進喜消瘦的面孔變得更加肅穆，佈滿血絲的眼睛裡滾動著淚花，一股熱血湧上心頭。這時候，他覺得手裡的剎把不光是個打井的工具，而是改造世界的武器，是刺向帝國主義、修正主義的刺刀，他緊緊地握住剎把，全神貫注地向地層打下了第一個單根……

大慶草原的第一口井打成了。千年封閉的大油田，乖乖地打開了大門，終於噴出了烏黑發亮的原油！

這口井，閃爍著毛主席親自制定的鼓足幹勁，力爭上游，多快好省地建設社會主義總路線的光芒。

這口井，打出了中國工人階級的志氣，大滅了帝、修、反的威風，對叛徒、內奸、工賊劉少奇一夥刮起的“下馬”黑風，是一個沉重的打擊。

這口井，雄辯地說明，用馬列主義、毛澤東思想武裝起來的中國工人階級，就是能在短時間內，高速度、高品質地拿下大油田。

這天，王進喜又組織大家認真學習了毛主席關於“發揚勇敢戰鬥、不怕犧牲、不怕疲勞和連續作戰（即在短期內不休息地接連打幾仗）的作風”的教導，鼓舞全隊同志奪取新的勝利！

五月一日，天剛濛濛亮，王進喜指揮大家放井架，他舉著雙手，眼望鑽塔，一邊吆喝著，一邊後退著。

忽然，一件意外的事發生了：前面鑽杆從堆上滾了下來，他來不及躲開，腿被砸傷，頓時昏了過去……

半個小時後，王進喜醒了過來，看見指導員和同志們抱著他的腿，有的同志難過地流著眼淚，只覺得一股強烈的階級友情烘烤著他的心。他對大家說：“哭什麼，我又不是泥捏的，哪能碰一下就散？打仗時傷了人，是流淚還是殺敵人！我這點小傷算個啥，咱們繼續放！”他挺身站起來，繼續指揮。鮮血從他的褲腿和鞋襪上滲透出來，灑在剛返青的草原上。

指導員從自己的工服上撕下一塊襯布，給他包紮傷口。王進喜高舉著雙手,堅持指揮著戰友們放下了井架。

王進喜小腿腫得厲害,大家爲他的腿擔心得飯也吃不下,說什麼也要送他到醫院去。他總是笑笑說:"人家白求恩不遠萬里來到中國幫助我們革命,連死都不怕,我傷了腿算個啥!"還再三告訴大家要保密,"誰也不許向領導彙報!"

腿受傷了,可他天天堅持戰鬥在井場上。大家勸不住,只好給他做了副拐杖。每當領導來到井隊,他就把拐杖往套管堆裡一藏,站著彙報情況,請求任務。

俗話說,沒有不透風的牆。沒過幾天,領導還是發現了,硬是把他送到了醫院。王進喜躺在病床上,心卻在井場上。生龍活虎的同志們一個個閃現在他的眼前,他暗暗問自己:"這是什麼時候,大家都在轟轟烈烈地爲石油而戰,我能穿個白袍子,蓋個十字被,安安穩穩地躺在病床上嗎?"

他睡不著,打開《毛澤東選集》,又學起了《紀念白求恩》。他用白求恩精神對照自己:現在全國人民都在支援大慶,都在眼巴巴地看著我們……自己的腿頂多化了膿,有多大的事?

第二天,一輛汽車來送病號,大夫、護士們暫時不在病房,王進喜拄著拐杖,登上汽車,回到了井隊。

爲了高速度,高水準拿下大油田,王進喜和同志們日夜戰鬥在井場上。他的腿腫得一天比一天嚴重。領導決定把他送到離井隊更遠的一個醫院去治療,並再三叮囑醫生,要"看守"好病員。

醫院當天就派了一個醫生,守護著王進喜。王進喜一手靠著桌子,一手扶著拐杖,半坐在病床上。他急得額上滲出了熱汗,對醫生說:"現在大家都在爲早日拿下大油田,革命加拼命,我怎能眼睜睜地躺在這裡呀!"

醫生靜靜地說:"你有傷,對你的身體我們要負責。"

"國家沒油事多大,我這點小傷算個啥,碰碰撞撞就不革命了?"王進喜說著,雙手一撐站了起來。

“看護好你，是領導交給我的任務，這兒就是我的崗位。”

王進喜眼睛望著醫生，誠懇地說：“我也有自己的崗位呀，我的崗位在井場，我的任務是爲國家打油井。你應該幫助我，讓我去站我的崗，去完成我的任務！”

年輕的醫生，被王進喜的革命精神深深感動。他到辦公室去請示領導。王進喜等不及，把帽子往頭上一按，拄著拐杖走出病房，坐著當晚的火車跑回了戰區。一下車，正遇上瓢潑大雨，分不清哪是泥，哪是水，哪是天，哪是地。他摸著黑，拄著拐杖往前闖，一失足，掉進了一個黑呼呼的泥塘裡……踉踉蹌蹌地走了三四裡地。

深夜一時，隊上的同志都睡了，忽然聽到門響，點上燈，打開門一看，老隊長又從醫院跑回來了。他渾身衣服都濕透了，糊滿了污泥，腳上纏著繃帶，腿上打著石膏，手裡拄著拐杖。大家鼻子不覺一酸，掉下了眼淚，就讓出床來，要他休息，他卻拄著拐杖上井去了。

這天，王進喜正坐在套管上，和隊員們研究工作。猛然聽到“轟”的一聲，鑽機上六十多斤重的方瓦飛了十幾米高，井噴的跡象出現了。

井噴，是鑽井最大的事故。當著泥漿的壓力低於地層的壓力時，井裡的油和氣就會衝著地層的石子，像火山爆發一樣噴出來，石子打起火花，整個井場就會變成一片火海，幾十米高的井架就有陷到地層的危險。在這十分危急的時刻，王進喜一面和大家商量搶救措施，一面迅速向上級作了彙報。這時，井場來了一名“權威”工程師，他看到這嚴重的井噴跡象，一時想不出別的辦法，只好說：“用重晶石壓井。”

用重晶石壓井，是一般情況下，制服井噴的措施。然而今天在新探區，地區分散，如果等重晶石從幾十裡外運來，事故就已經造成了。在這迫在眉睫的關鍵時刻，王進喜把手一揮，毅然地說："用水泥摻土壓井！"

"用水泥摻土壓井？"那工程師見王進喜下了九頭牛也拉不回的決心，悄悄地轉身走了。王進喜明白，水泥壓井是從來沒有過的事，隨時會發生危險，最容易把鑽杆凝固在井裡。可是，他根據過去的調查，知道這裡的水鹼性大，水泥一時凝固不了，只要搶得快，壓住井噴後，還可以處理水泥。他大聲地說："加水泥！"

一個個像小老虎似的隊員們，迅速行動起來。井場上一派緊張的戰鬥氣氛，泥漿池裡倒進了一袋又一袋的水泥和土。

王進喜一看，水泥倒進池裡不能一下散開，需要儘快攪拌，井場上又沒有攪拌器，他用拐杖捅了捅，還是不見生效，就把拐杖往身後一擲，一個箭步跳進了齊腰深的池子裡。

"隊長，你的腿有傷，不行！"剛剛趕到的趙生海見他奮不顧身跳進泥漿池裡，呼喊著奔了上來。

王進喜完全忘了自己的傷痛，他雙腳踩著水泥，兩手扒著泥土，動作敏捷、俐落。

水泥倒進池裡很快就沉澱了，他貓腰伸手去拌，泥漿就撲了一臉，他把頭一擺，又攪拌了起來。趙生海也立刻跳進泥漿池。

"噗咚！"

"噗咚！"

李明、張成志和幾個身體粗壯的同志，也接二連三跳進了泥漿池。

經過三個多小時的連續奮戰，井噴終於壓住了，用馬列主義、毛澤東思想武裝起來的中國石油工人，創造了戰勝井噴的奇跡！冒險嗎？不！這是王進喜和他的戰友們對黨、對祖國、對人民一片忠心所激發的勇敢和智慧！

看著這一切，人們追溯著過去的戰鬥歲月。十多年來，王進喜遇到過多少次艱險，碰到過多少次阻礙，他總是臨危不懼，挺身而出，爲人民立下了豐功偉績。

　　看著這一切，人們不禁聯想起毛主席在《中國革命戰爭的戰略問題》一文中的一段教導：「指揮員的正確的部署來源於正確的決心，正確的決心來源於正確的判斷，正確的判斷來源於周到的和必要的偵察，和對於各種偵察材料的聯貫起來的思索。」王進喜就是一個做實際調查的指揮員，一個能正確判斷的指揮員，一個有正確決心的指揮員，一個智勇雙全的指揮員！

　　人們把王進喜從池子裡扶了上來。王進喜把胸一挺，拄著拐杖，站起身說：「先別管我，繼續鑽井！」

　　不知什麼時候，馬家窯趙大娘拎著一籃煮好的雞蛋來到了井場。她兩眼噙著淚花，直瞪瞪地打量著眼前這位鑽井隊長：一雙深邃的眼睛充滿著血絲，高高的顴骨更突出了，兩頰的絡腮鬍子沾滿了泥漿。可他又是顯得那樣英雄威武，高高站在鑽臺前，金色的陽光照射在他滿是泥漿的身上，真像似鋼鑄鐵澆的一樣，閃閃發光⋯⋯這個六十多歲的貧農老大娘顫動著嘴，一字一字地說：「王隊長，你可真是個鐵人啦！」

　　「老大娘，我們隊長就是個鐵人！」全隊三十二張嘴發出了同一個聲音！

　　從此，「鐵人」的名字就在大慶油田傳開了。

　　這口井比原計劃提前五天打成了。祖國的油田上，又增添了一個出油的噴泉！

要鬥爭一輩子

　　一口口新油井的出現，像戰旗插上了山頭，鼓舞著雄兵迅猛前進，如新的進軍號角，激勵著數萬石油大軍。茫茫的千里草原上，井架列隊成排，油井星羅棋佈，公路縱橫交錯，油車奔騰呼嘯。整個戰區凱歌嘹亮，一片沸騰。這個隊傳來了捷報，那個隊又掀起了高潮。油田面貌真是日新月異，氣象萬千。

這年冬天，鐵人擔任了鑽井二大隊的大隊長。他身先士卒，和井隊工人一起摸爬滾打。有時爲了工作方便，他叫家裡做了些炒麵，天天背著在井隊奔波。

這天，鐵人從一二五隊回來，正好碰上了張成志。共同的戰鬥生活，使兩人結下了深厚的情誼，見了面總要熱火地嘮嘮。

還是張成志先開了腔："哎，老鐵，聽說有人在農村正鬧'包產到戶'哩，前天也有人在咱們隊說什麼'開油田不如種水田'，還是回家種地能多掙錢……"

"說這話的是什麼人，他來井隊幹什麼？"鐵人停住了腳步。

"就是副大隊長王芝，他在井上轉了兩圈就走了。"張成志憤憤地說。

"又是他！"鐵人點了點頭，帶著沉重的心情回到了大隊。

下午，鐵人在大隊組織召開了職工大會，激動地把毛主席關於"人民公社好"的教導，讀了一遍又一遍。他諄諄告誡大家："毛主席教導我們，要走集體化的道路，'只有社會主義能夠救中國'，我們絕不能上階級敵人的當！"

他噙著淚花回憶了黑暗的舊社會的苦難生活。舊社會，王進喜剛懂事就用棍子拉著雙目失明的父親流浪討飯，七八歲就給地主放牛，十五歲被國民黨反動派拉進玉門油礦當民夫。在國民黨反動派的統治下，玉門油礦就像一座活地獄。工人們流傳一首歌謠說："出了嘉峪關，兩眼淚不幹，進了石油城，猶如鬼門關。"王進喜和工人們，住的是破窯洞，鋪的是爛麥秸，一張老羊皮，白天當衣穿，晚上當被蓋。礦上的國民黨憲兵和工頭，怕工人跑了，架著鐵絲網，挖了大深溝，拿著步槍和皮鞭，白天黑夜監視著工人。那些帝國主義的"技師"，"專家"，期負中國"貧油"落後，更不把中國人當人看待，動不動就用青銅棍子打中國工人。

王進喜的身上，殘留著工頭鞭打的傷疤，帝國主義"技師"用銅棍子砸的傷痕。……

一樁樁往事掠過鐵人的眼前，他擦了擦眼睛，憤怒地說："'三自一包'、'棄工務農'的黑風，就是要把我們卷到舊社會的老路上去，就是要我們吃二遍苦，遭二茬罪，就是要我們放下這大油田，讓帝、修、反卡我們的脖子，這完全是做白日夢，辦不到！我寧願掉腦袋也絕不走這條回頭路。"他大聲疾呼：共產黨員、共青團員要堅決頂住這股妖風，要經受住考驗。

人們心潮激蕩，熱血沸騰。院落裡，響起了宏亮的口號聲：

"堅持大會戰！"

"發展大會戰！"

"人民公社萬歲！"

"共產黨萬歲！"

"毛主席萬萬歲！"

大會一直開到很晚。

夜深了，人們陸續散去。會場只剩下了鐵人和大隊另外兩個幹部，一個是李守西，另一個就是王芝。

"你這個人，真是自作聰明，'包產到戶'是上面講的，你還蒙在鼓裡。"王芝揚著那又彎又細的眉毛，眯縫著一雙耗子似的眼睛，對鐵人說。

鐵人反駁道："不管是上頭講的，還是下頭講的，誰出的鬼點子，好夢都不會太長。它不符合黨和毛主席教導，我們就不能聽！"

王芝不甘心，還支支吾吾地狡辯："你太目中無人了。"

"不是我目中無人，是你講的話違背了毛主席的教導！"鐵人的話字字重千斤。

打這以後，鐵人每天都背著炒麵袋，從這個井隊走到那個井隊，宣傳黨的總路線、大躍進、人民公社的無比正確，揭露"三自一包"復辟資本主義的罪惡。他對工人說："毛主席歷來都教導我們走社會主義道路。我們要聽毛主席的話，可不能聽那些亂七八糟的鬼話。"

這天晚飯後，鐵人從井隊回來，老遠就聽見糧庫裡傳來咚咚嚓嚓的鑼鼓聲。他趕進去一看，只見王芝和李守西正扯著幾個人跳舞，把個庫房搞得烏煙瘴氣。頓時，鐵人心頭火冒三丈，像憋了三百個大氣壓，大喊一聲："停！"

王芝和李守西頭頂好似響了一聲霹靂，震得腦殼嗡嗡直響。李守西手中的小鑔，"砰"的一聲落在地上。

鐵人指著王芝和李守西的鼻尖，憤憤地說："工人們為了早日拿下大油田，革命加拚命地幹，你們卻在這裡清閒自在打轉轉，你們到底安的什麼心？"

"吭——吭，王老鐵，我們開會前沒事鬧哄鬧哄。"王芝一看是鐵人，皮笑肉不笑地搪塞著。

"沒事，六二隊鑽機出了事你們為什麼不去？"鐵人嚴厲地問道。

王芝一對耗子眼閃了兩下："剛才接到電話，聽說已修好了。"

"修好了？你們為什麼不下去看看？"

王芝和李守西在這理直氣壯的追問下，瞠目結舌，面面相覷。

舞場的風波，使王芝和李守西更是驚慌不安。這天，王芝撓著後腦勺剛走進李守西的辦公室，只覺得身後一陣猛風刮來，他身架晃悠了兩下，才算站住了腳。鐵人和張成志衝了進來，鐵人劈頭就問："國家的好鋼鐵，你們為什麼填到井裡，你們要幹什麼？"

李守西還沒摸著頭腦，鐵人身後的張成志又是一陣排炮："一二一五隊在北區井上的套管護絲好幾百個，都是好鋼鐵，是你讓井隊填到圓井裡，今天老鐵領著我們扒了半天！"

李守西這才清醒了過來，忙說：「我、我怕拉回來路程太遠⋯⋯」

鐵人使勁在桌上捶了一拳：「一個護絲就是一顆手榴彈，可以炸死好幾個敵人，你把它填到井裡，就是對人民的犯罪！」說後，一步跨出了李守西的辦公室。

鐵人把張成志送回了井隊，想起多日來大隊領導成員中的激烈鬥爭，他立即來到了鑽井指揮部，向黨委作了彙報。他滿腔激情地說：「我是共產黨員，我要向黨負責，要堅持鬥爭！」

黨委領導滿意地點著頭，讚揚他的鬥爭精神，囑咐他一定要更好地學習馬列主義、毛主席著作，當前要特別學一學《中國社會各階級的分析》。

鐵人出了指揮部，迎面碰上了早在玉門就認識的工人老吳。老吳見了鐵人，忙上前拉住他的手問：「老鐵，聽說你們二大隊領導鬧了矛盾，是真的嗎？」

「是有鬥爭啊！」鐵人語氣深重地回答說。

「前天有人對我說，咱倆是老同事，要我勸你合稀泥，當個唐僧⋯⋯」

「這是什麼話！我不能當敵我不分的唐僧，我要當大鬧天宮的孫悟空！」鐵人濃眉一豎，決然地說道。

「他還說要你懂得『容忍』，不要老講鬥爭⋯⋯」

鐵人說：「不講鬥爭？大慶油田不鬥爭根本搞不出來，共產主義不鬥爭也不會來到。要鬥爭一輩子，我們這一代鬥不完，讓下一代接著鬥，一直鬥到共產主義！」

「對，我們不能上他們的當！」老吳望著鐵人那嚴肅的面孔，憤慨地說：「當時我一聽，就滿肚子的火，當場把他頂了回去！」

「好！」鐵人緊緊握住老吳的手，又問了老吳其他一些情況，就連夜趕回大隊。

深夜,人們都進入了夢鄉,二大隊辦公室裡,還亮著燈光。鐵人一手捧著《中國社會各階級的分析》,一手翻著字典,正在認真學習著。他想,大慶油田是在毛主席革命路線指引下前進的。今後,要進一步建設大慶,保衛大慶,發展大慶,就是要講階級和階級鬥爭,就是要認真學習。這一天,他睡得很晚。

第二天清早,霞光萬道,鐵人把大隊機關人員聚集在會議室裡,他說:"兵隨將轉,我們大隊一千二百多人,要帶好這支隊伍,就要靠學習馬列主義、毛主席著作。今天我們訂個制度,好堅持經常學習。"

"建立學習制度很有必要。"同志們一致贊成鐵人的提議。

可是在一旁的王芝卻搖晃著腦袋,拐彎抹角地說:"我看還是先學點'邏輯學',提高一下工作能力。"

鐵人站起來氣憤地說:"你'邏輯學'學得再好,不學習馬列主義、毛主席著作,腦瓜就會變修!"

"人要懂點道理就得學'邏輯學'……"王芝還支吾著。

鐵人義正詞嚴地說:"馬列主義、毛澤東思想就是真理。"

王芝聽了,無可奈何地咧著嘴巴,那樣子比哭還要難看些。

經過大家討論,制定了學習制度和學習計畫,規定每星期三和星期六晚上集中學習。這天晚上,人們陸續地來到了學習室,就不見李守西和王芝,大家正等得著急,李守西才慢騰騰地走了進來。

"王大隊長,今晚要召集開生活後勤會議,我和老王得參加會。"

"不行,學習計畫是大夥討論定的,生活會議可以另行安排時間。"

李守西挺挺身子,說:"我不參加學習,照樣幹工作!"

"你不學馬列主義、毛主席著作,就一定要危害革命,就一定要犯錯誤!"鐵人迎頭給了李守西一棒。

　　李守西見鐵人又當眾批駁自己，臉色忽青忽白。他一把撕下了牆上的《學習計畫》，發瘋似地嘶叫：「今天晚上，我還是要開我的會，看誰能把我怎麼著？我宣佈，今後這學習組解散！」

　　鐵人見李守西如此倡狂，只覺得渾身的熱血在滾動著，他把牙齒咬得格格的響，憤慨地說：「毛主席的書是革命的真理，我們這輩子要學，子孫萬代都要學！你要是反對，我就要跟你鬥到底！」

　　回到了家裡，鐵人久久不能入睡，一連串的疑問在腦子裡翻騰著。

　　為什麼在提拔幹部問題上，王芝和李守西硬要把混進工人隊伍的壞傢伙提為生活股的股長？為什麼要把一個有嚴重歷史問題的人提為幹部？

　　為什麼他們對在反右鬥爭中寫過革命大字報的老工人橫加攻擊，對工農幹部百般排擠？

　　為什麼他們要搞「三自一包」，大刮「下馬」黑風，破壞大會戰？

　　他翻身起床，借著手電筒的光亮，打開《中國社會各階級的分析》，一行熟悉的大字又清晰地映入了他的眼簾：

　　「誰是我們的敵人？誰是我們的朋友？這個問題是革命的首要問題。」

　　鐵人揚了揚眉梢，忽閃著眼睛，又繼續默讀著：

　　「不可不注意團結我們的真正的朋友，以攻擊我們的真正的敵人。」

　　毛主席的教導，像甘涼的清泉一樣，滋潤著他的心田。他思忖著，現在主要的，就是用馬列主義、毛澤東思想宣傳群眾，組織群眾，武裝群眾，提高大家的階級覺悟。

　　鐵人把大隊的學習制度健全起來，重新訂出了學習計畫。他多次跑到很遠的鎮上去買毛主席著作，發給大家學習。他現身說法,帶頭談心得體會,使學習不斷深入。儘管李守西和王芝多次冷嘲熱諷,但是,他們的學習始終堅持著。

這天晚上,王芝掖著三頁紙訂起來的筆記本,進了會議室,假惺惺地說:"聽說學習搞得不錯,我來受受教育。"

鐵人瞭了他一眼。組織大家又學習了《中國社會各階級的分析》,結合實際談了自己的感想,一再告誡大家,要用階級鬥爭的觀點去分辨是非,觀察問題,明確方向,把社會主義革命進行到底。

"我談幾句,"人堆裡,趙生海站起來說,"老鐵講得有道理,一個人說話辦事都帶著階級烙印,都是從一定的階級立場出發的。過去我頭腦裡階級鬥爭的弦繃得不緊,通過學習毛主席著作,使我深刻地認識到,階級鬥爭這根弦松不得。就拿冬天有人到井隊煽動棄工務農來說吧,開始自己就沒有認識到其中有階級鬥爭……"

趙生海剛講完,青工小林就接了上去:

"對,一定要提高階級鬥爭的覺悟。井隊工人們為了拿下大油田,在前線拚死拚活地幹,大隊裡卻有人搞跳舞會,尋歡作樂,我看這也是階級鬥爭的一個反映!"

"哎,上次老鐵組織學習馬列主義、毛主席著作,就有人破壞搗亂,故意衝擊……"

"對,不論什麼事,都要用階級鬥爭觀點分析對照,看看他是不是站在毛主席革命路線上?對的就支持,錯的就抵制。"

這次學習會可真熱火,大家暢所欲言,越談心裡越亮堂。王芝在一旁不時地擦著帽

沿下的冷汗,不停地喘著粗氣。

王芝好不容易才盼到散會。他走出會議室,剛巧碰上了李守西,李守西拉了他一把,兩人蹲在路旁的一個土牆角裡,鬼鬼祟祟地密談起來。

不幾天，鐵人因公外出了。王芝一見機不可失，立即帶著肉和麵來到了鐵人家。見了鐵人的老伴，他點頭哈腰地說：“王大隊長整天起早貪黑，身體又有病，這是上級補助的……”鐵人的老伴一看王芝那點頭哈腰的勁兒，就有幾分生氣：“俺孩他爸說過，沒有他的話，我們什麼東西也不能收！”

王芝上前一步，把肉和麵放在鍋臺上，說：“王大隊長出去了，這次補助他不知道，你就先收下吧！”

王進喜老伴反問道：“補助？隔壁幾家怎麼沒有？”

“這是補助大隊幹部的。”王芝說著轉身就走。

“這個補助，我們不要！”王進喜老伴讓自己的孩子把那肉和麵扔了出去。

鐵人回來，發現這些問題後，覺得王芝和李守西正在耍新花招，立即組織全家學習毛主席關於兩個“務必”的教導，再三叮囑：“要提防糖衣炮彈！”

“糖衣炮彈？”老伴覺得不能理解。

鐵人打著比喻說：“敵人的炮彈有兩種，一種是動槍動炮，這是鋼鐵炮彈，一種是塞錢送禮，就是糖衣炮彈。糖衣炮彈是收買人心，腐蝕人們的革命意志的！”

老伴會意了：“階級敵人可真毒哇！”

鐵人馬上找到王芝，經過嚴厲追查，才知道那些肉和麵，是李守西和王芝利用職權，克扣了高空作業工人的勞保品。

鐵人一聽，頓時火冒三丈。他指著王芝的鼻子說：“工人們為了拿下大油田，頂風冒雪拚命幹，克扣勞保品就是吸工人的血，只有地主、資本家才幹這事。你們吃了多少，都要給我一點一滴從喉嚨裡摳出來！”他立即組織機關人員開會，把勞保品追了回來。

這時候，偉大的社會主義教育運動開始了。工作隊進駐的第二天晚上，鐵人和工作隊老陳從指揮部開會回來，聽見王芝的辦公室裡，幾個人搖頭晃腦地議論著：

"這次運動咱要打主動仗，今天先把大隊幹部分分類，我看王進喜是四類！"

"我完全同意！"

"這回咱來個先下手為強！"

鐵人一步衝了進去，聲色俱厲地說："有黨和毛主席的英明領導，有廣大的革命群眾，你們翻不了天！"

"你們想耍鬼花招，搞陰謀，辦不到！"鐵人身後的老陳，嚴厲的斥責道。

經過幾天的深入調查，不僅弄清了王芝和李守西許多現行破壞活動，還瞭解到他倆是隱瞞罪行，混進革命隊伍的歷史反革命。

這天，鐵人剛回到大隊部，趙生海就找到他："老鐵，最近王芝和李守西正在暗地裡打主意，你晚上可要多當心點啊！"

鐵人舉起拳頭，狠狠地往桌上一砸："殺了我的腦袋，碗口大一個疤，沒啥。我是共產黨員，黨的原則是我的最高生命……就是冒天大的危險，我也要堅持鬥爭！"

趙生海把鋪蓋搬到了鐵人的宿舍。宿舍裡，燈光整整亮了一夜，兩人也整整談了一夜。

早飯後，鐵人正在會議室翻看檔，王芝和李守西破門衝了進來。

"你說，你這幾天在下面給我們造了些什麼輿論？"王芝兩手撐著腰，齜牙咧嘴，衝著鐵人吼叫著。

"二大隊領導成員的團結，就是你給破壞了！"李守西也隨著叫喊起來。

鐵人憤怒地站起身，兩眼怒視著王芝和李守西："你們是披著羊皮的狼，藏著黑心肝的壞蛋，再沒幾天蹦頭了，群眾向你們算賬的日子就要到了！"

話音未落，老陳和趙生海帶著機關人員湧了進來。老陳冷眼掃了掃王芝，大聲喝道：“你們想幹什麼？”

王芝被眼前的場面嚇呆了，兩腿哆嗦著後退了兩步，愣了半天，才強笑了一聲：“唔……我們在這裡查查事實……”

老陳舉了舉手中的調查材料，義正詞嚴地說：“老實告訴你，你們的事實我們已調查得一清二楚，坦白交待問題，才是你們惟一的出路！”

“陳隊長，我們幾個都……都沒多大問題。……”

“什麼，沒有多大問題？”老陳憤憤地逼問了一句。

人們立刻叫嚷開了：

“我來檢舉！”

“我再揭發！”

會議室裡，頓時成了對敵鬥爭的戰場……

鐵人和工作隊同志一起，帶領廣大革命群眾，揭開了二大隊階級鬥爭的蓋子，李守西和王芝在無產階級專政的鐵拳下，不得不低頭認罪。

巍巍的鑽塔頂著暴雨傲然挺立，草原上的雄鷹迎著狂風勇往直前，鐵人在階級鬥爭的暴風雨中越戰越強。

甘當老黃牛

初春的一個早晨，東方剛吐白，鐵人就背著炒麵向井隊奔去。路過食堂門前時，炊事員趙振林對他說：“老鐵，伙房快沒燒的了。”

鐵人揚了揚眉毛，沉思了一會說道：“走，咱一起到土油池邊拉廢渣油去！”

他帶了幾個炊事員，拉著拖斗車來到土油池邊上，帶頭跳進冰凍的油池，和工人們一起，迅速地把渣油裝進拖斗。

裝到大半鬥時，小趙指著拖斗說：“老鐵，再裝就拉不動啦。”

“不要緊，來一趟就是一趟嘛。”

鐵人一邊回答著趙振林,一邊繼續往拖斗裡裝渣油。他全身沾滿了粘粘糊糊的渣油,臉上也濺滿了油珠。等他們裝了滿滿一拖斗的時候,天已經亮了。

鐵人放下鍬和炊事員使勁往上拉拖斗。可是那沉重的拖斗,怎麼也拉不動。鐵人抓了一把野草擦了擦手上的油污,說:"你們先在這裡休息,我去叫人!"

很快,來了七八個棒小夥子,這才把拖斗拉起來了。

"還是人多力量大呀!"小趙邊拉邊說。

大夥在鐵人的帶動下,拉著拖斗車飛跑。鐵人駕轅走在最中間。他的步子邁得又穩又快。工人們去換他,他怎麼也不讓,說:"我拉車就要駕轅。"

接著他又問大家:"你們駕車的時候,喜歡牛還是喜歡馬?"

"牛的力氣大,馬跑得快,各有各的長處。"小趙在一旁說。

"牛吃草,馬吃料,毛驢最愛瞎亂叫。"鐵人咳嗽了一聲又說:"我小時候放過牛,最摸牛的脾氣。牛享受最少,出力最多,所以還是當一頭老黃牛好,我甘願為黨為人民當一輩子老黃牛。"

大夥都深深被鐵人這種甘當革命"老黃牛"的精神所感動,一鼓作氣,把拖斗車拉回了大隊部。

鐵人剛鬆開車轅,還沒顧得喘口氣,張成志就來報告說:"老鐵,周貴生又來找你了。"

周貴生是會戰初期調來油田的大學生。剛到一二.五鑽井隊時,說的多,做的少,思想上怕苦怕累。工作中有三不幹:下雨天不幹,天冷不幹,太熱也不幹。有一次,鐵人叫他給套管編號,他寫了十幾個號碼,就怪筆不好使,漆不好用,手腕酸得慌,回屋裡"辦公"去了。鐵人找到了他,對他說:"我們打井就是在野外幹活嘛,不能把井架安到大樓裡頭,幹革命又不是看戲,你不出去怎麼行?"周貴生回答說:"我上大學時,就想當個博士,從來沒想幹這玩藝兒。"鐵人當時不知道博士是個啥名堂，就對他說："你想當博士也得幹呀！天上掉個烏紗帽，你還得把頭伸出去戴呢，你光呆在屋子裡，烏紗帽落下來有房頂擋著，也落不到你的頭上。你念了一火車書，光說不幹，就沒有半點馬列主義！"周貴生不服氣，就反問說："馬列主義拿什麼衡量？"鐵人把窗戶一開，指著井場對他說："我看首先得要幹，要理論聯繫實際。你看我們工人為了給革命貢獻力量，頂著零下幾十度的嚴寒，仍然在鑽臺上把大鉗打得叮噹響；夏天雨那麼大，還光著膀子幹。你不幹，我一輩子也不承認你有馬列主義！"周貴生無可回答，只好紅著臉提上漆桶出屋了。他仔細琢磨著鐵人的話，覺得是有道理，感到自己頭腦中貪圖安逸的思想太嚴重。在工人的幫助下，在鐵人身體力行的教育下，他的思想感情起了變化，開始愛上了鑽井隊這個戰鬥的集體。在他的心目中，鐵人變得更加可敬可親，他感到在這個工人幹部身上，有著無窮無盡的革命幹勁，他迎著困難上，專揀重擔挑，危急關頭捨生忘死，平時工作中身先士卒，有那麼一種天不怕，地不怕的英雄氣概。後來，周貴生調到了一大隊的六七隊去了，他在工作中仍然處處向鐵人學習，把鐵人當作自己的好老師，自己不明白的事情也常向鐵人請教，每當遇到困難就找鐵人幫助。

周貴生見了鐵人，說隊裡沒牙輪鑽頭了。鐵人一聽，非常著急，立即帶著周貴生來到庫房。剛巧，一二。五隊幾個小夥子也來領牙輪鑽頭。他們用鋼絲繩把四個新鑽頭串起來，剛要往外抬，鐵人問道："庫房裡還有沒有了？"工人們說："新的就這四隻，剩下的都是舊的。"鐵人馬上決定，把這四隻新鑽頭送給六一隊，自己用舊的。

周貴生聽到鐵人這個決定，看到鐵人毫不利己，專門利人的崇高品質，深受教育。他感動地說："老鐵，這可不行，你們也要打井嘛！我再到別的隊想想辦法。"鐵人一把拉住他，關切地說："你們的困難，就是我們的困難，你們打上去了，就等於我們打上去了。咱們都是為了一個共同的革命目標，還要分什麼你們隊我們隊的。"

周貴生激動地接受了這四隻新鑽頭，打算打電話叫隊上來人抬走。鐵人說："井隊那麼忙，別再叫人啦。走，我和你抬去！"周貴生見鐵人剛拉完原油，手還沒來得及洗

一下，就又要幫助自己送鑽頭，說什麼也不答應。鐵人說："多跑幾步路，多出幾身汗算什麼！只要能多打井，多出油，快快把國家建設強大，越苦越光榮，越苦越幸福！"

鐵人和周貴生抬著鑽頭，一起上了路。這四個共二百多斤重的鐵傢伙，把兩人累得汗流浹背。走了一程，兩個人坐在路邊休息。鐵人拿出《為人民服務》，讓周貴生念一段。

周貴生清了一下嗓子，一字一句地念著：

"我們的共產黨和共產黨所領導的八路軍、新四軍，是革命的隊伍。我們這個隊伍完全是為著解放人民的，是徹底地為人民的利益工作的。"

鐵人對周貴生說："井隊同志天天為國家為人民打井，我們把鑽頭抬去，這也是為人民服務，為人民服務就要對人民負責，要踏踏實實地幹，一步一個腳印，要做到'完全''徹底'，不要光想圖輕鬆！"

鐵人和周貴生一起抬著鑽頭繼續向前奔走著。他指著油田上的一座座油井說："我們剛來的時候，一片大草原，什麼也沒有。現在到處是油井，怎麼來的？都是在黨和毛主席的領導下幹出來的。光想不幹，社會主義一輩子也想不出來，只有好好學習毛主席著作，堅持幹，才能幹出來！"

鐵人學習馬列主義、毛主席著作，總有一股刻苦鑽研的勁頭，學了就照著去做，所以，他總有一股使不完的勁。周貴生被鐵人這種精神深深感動。現在，聽了鐵人講的《為人民服務》，更

使他渾身增添了巨大力量。他決心像鐵人那樣，「黨和毛主席咋說自己就咋做」，一鼓作氣，把鑽頭抬到了井隊。

這天深夜，外面刮著刺骨的北風，雪沙從地窩子的縫隙裡刮進來，勞累了一天的工人們都入睡了，只有鐵人和張成志還沒休息。鐵人正在給爐子里加火。可是渣油加進去，呼的一陣煙就燒完了。地窩子裡還是寒氣逼人。鐵人看著一個個酣睡的工人，心裡默默地念叨著：「這些同志不怕苦，不怕累，都是黨和人民的寶貝，凍壞了一個可不得了啊！」他把身上的老羊皮襖蓋在一個熟睡的青年工人身上，和張成志一起出了地窩子，冒著零下二十多度的嚴寒，來到機修廠。他們在廢料堆旁，找到兩根用廢鐵管做的爐筒。鐵人把一根大的背在自己背上……

第二天早上，工人們發現了這兩根爐筒，都驚異地圍了上來。

「咦，這兩個好傢伙是哪兒來的？」

「難怪昨晚睡得那麼舒服，原來有它倆在這兒坐陣哩，這法子想得可真好，誰幹的？」

「不用問，我敢保險是鐵人幹的。」

聽著大夥的議論，張成志從心眼裡往外樂。等大家說完了，才慢聲慢氣地開了腔：「爲了這兩個爐筒，鐵人昨晚整整忙了半夜。」

聽張成志這一說，大家都東拉西扯地談開了。

「老鐵關心群眾生活，可真是掏出了心吶！他常說，毛主席天天考慮著全中國、全世界人民的大事，還把群眾的柴米油鹽掛在心上，自己是做具體工作的，更應該關心群眾的疾苦……」李明端詳著爐筒，深有感觸地說。

他的話音未落，老吳就跟著接了上去：「前些日子，他去外地學習，有個大夫瞭解到他有關節炎，就給他配了兩劑中藥，他帶回來後，把藥給了別人，自己卻天天忍受著痛苦……」張成志好不容易才拽過來一個話頭：「老工人張方海因公犧牲後，家裡還有個老人，已經七十掛零了，鐵人經常寫信問寒問暖，還把自己節省下來的一百元錢給她寄去。"他咳嗽了一聲，連忙又接著說，"可他對自己的家庭，卻總是放在腦後，老母親七八十歲了，多年癱瘓在床，也顧不上請醫生治療。小孩又得重感冒，領導要他照顧幾天，他總是說，工作忙不過來……"

正說著，鐵人抱了一捆柴禾走了進來。李明一邊接柴禾，一邊問："老鐵，這爐筒是你昨晚搞的？"

鐵人爽快地笑了笑，說："這裡有小張的功勞。有個爐筒，大家睡著舒服，我也就能睡著了。"大家看看爐筒，又望望鐵人，好像在深情地說："老鐵，你可真和我們心貼著心啦！"

一天上午，鐵人從井隊回來，看到路旁有兩個小孩在打雪球玩。大點的女孩小襖露著棉絮，小個的男孩棉帽上丟了臉簾。他倆一人手裡捏著塊雪球，正在擲打著田埂上的一棵小樹。看著他們生龍活虎的勁兒，鐵人暗暗歡喜。他走上前去叫住小孩問："娃子，你們家在哪裡？"

小女孩指了指前方隨口說道："在解放村！"

鐵人接著又問："你們為什麼不去念書？"

"我們想念書，就是離學校太遠啦！"女孩一邊團著手裡的雪塊，一邊回答著。

鐵人聽了，心裡沉甸甸的。他又仔細一問，才知道他倆是本大隊老工人陳林的孩子，女孩叫小蘭，男孩叫明清。

鐵人心想，陳林愛人剛去世不久，他又因公外出，兩個孩子不能上學，又沒人照顧怎麼得了！就對小孩說："現在外面太冷，回去玩吧！"

小孩跟著鐵人一起回到了解放村。

鐵人看了看小蘭，又看了看明清，想："孩子是革命事業的接班人。雖然現在是大會戰，條件差，還來不及辦學校，可作為一個領導幹部，關心教育下一代是自己義不容辭的職責。"他見孩子穿的有點單薄，就一手攬起一個，把他倆帶到了縫紉組。

　　縫紉組的同志們一見鐵人，都熱情地起來讓坐。有個家屬看見鐵人身後跟著兩個小孩，以為是沒事來玩的，要他倆出去。

　　鐵人笑著說：“別攬，他倆是我專程帶來的客人。”

　　“客人？”聽鐵人這一說，那人家屬感到自己失了“禮”，紅著臉笑了笑，趕忙把小蘭和明清拉到自己身邊。

　　鐵人站起身，指著兩位小“客人”，認真地說：“這兩個孩子的媽去世了，咱們得把他們的生活包下來，你們看怎麼樣？”

　　“行啊！”家屬們答應說。

　　“衣服破了要給補，沒有衣服要給做，要使他們感到革命大家庭的溫暖。”

　　“老鐵，你放心吧！”大家齊聲回答著。剛才要把小客人攬出去的那個家屬還特意取來尺子，量了量孩子的身高和腰圍，自言自語地說：“這樣做起衣服，心裡就有了底。”

　　“對！”鐵人笑著望瞭望大家，“咱們不只是關心他們姐弟倆，咱們是在關心革命後代，是在為人民盡自己的責任。”

　　從縫紉組出來，鐵人又帶著孩子來到食堂。以往，鐵人總和大家一起在外面按順序買飯，今天卻走進了裡屋。炊事員以為他要招待外地來的客人，都圍了上來。

　　鐵人指著小蘭和明清說：“陳林這兩個小孩的吃飯問題，要咱們伙房來解決。開飯時多照應點，使他們吃飽，吃好。”

　　“鐵人伯伯，”小蘭指著剛調到機關食堂來當炊事班長的李明說：“李叔叔每天都幫我們買飯。有次我忘了帶飯票，他就用自己的飯票給我買了一碗飯。那天下大雪，他還給我們把飯菜送到家裡去了。”

　　鐵人拍了一下李明的肩膀，“這敢情好，往後可要堅持下來！”

　　“是！”，李明蹭的打了個立正，大夥哈哈地笑了起來。

鐵人把小孩送回了家,回到辦公室,心裡像系了鉛塊一樣的沉重。他望著牆上的大隊工人新村分佈圖,思忖著。

"隊長,你想啥哩?"趙生海見鐵人那出神的臉色,有點驚異。

"我是在想孩子們上學的事。"

"上學?現在會戰這麼緊張,條件這麼差,辦學困難太大。還是叫學生們到指揮部去吧,遠就遠點。"趙生海不在意地說。

"不,老趙!毛主席歷來教導我們,要關心下一代的成長。辦學可是個關係到培養接班人的大問題,咱要為孩子們的一生著想,我看困難再大,也要想法辦學!"

趙生海眨了眨眼,沒有吭聲。

鐵人接著說:"過去我是個睜眼瞎,解放後才學了點文化,學習毛主席著作,有許多字不認識,有時寫封信,寫個講話稿,感到很吃力。現在咱工人當家做主了,可不能讓後代再吃這份苦。"他想了想,又說:"最近我看見有些小孩已到了上學年齡,到指揮部上學路太遠,又不方便,就天天在家玩,咱們得想個辦法。"

"想個什麼辦法?"趙生海忙問。

"咱在大隊部辦個小學!"鐵人堅決地回答。

趙生海忽閃了一下眼睛,說:"那好,在大隊辦個學校,就不愁周圍村上小孩沒學上了。"

當天晚上,在黨總支召開的擴大會議上,鐵人提出了辦學校的建議。鐵人說:"我們工人不但要在政治上翻身,文化上也要翻身,要使我們後代成為有社會主義覺悟有文化的勞動者,接好革命班!"

這個建議一提出來,就引起了一陣議論:

"對,要使孩子們上來接班,就要教他們學文化!"

"上學老往指揮部跑,不是個辦法!"

　　但也有人懷著顧慮：“現在辦學沒條件，就是辦了也沒時間管……”

　　鐵人站起來說：“毛主席把我們的孩子看成寶貝蛋。工作再忙，困難再大，我們也要把學校辦起來。”

　　鐵人話音未落，趙生海接上去說：“老鐵想的路子正，符合毛主席教導，符合我們工人的願望，我完全同意！”

　　“板上釘釘子，就這樣定下吧！”鐵人的建議很快成了決議。

　　第二天清晨，在離大隊部三百多米的地方，一個五米見方的“土窩窩”挖好了。鐵人和工人們在上面支起一頂破帳篷。小蘭和明清也在裡面幫著生起了火。

　　鐵人一看，帳篷四面透風，心裡想：“寒冬時節孩子們怎麼受得了？”就從大隊部扛來葦草，把帳篷四周圍了個嚴嚴實實。

　　“哈哈，老鐵啊！”趙生海笑著走近帳篷，“這確實是個新型學校，外面撐帳篷，裡面挖土坑，還用葦草來擋風，可真有點艱苦奮鬥的勁頭啊！”

　　鐵人微微一笑，“當年抗大在延安窯洞裡培養了千萬個抗日幹部，今天咱們按照毛主席指引的方向辦，咱們也學抗大，在這土窩子裡，為革命培養咱工人的下一代！”他深情地望瞭望這簡陋的校舍，和大家一起脫土坯去了。

　　三天以後，解放村小學建成了。撐起的帳篷就是“教室”，周圍的葦草就成了“圍牆”，一塊土墩上蓋兩塊磚頭，就當“凳子”用，幾塊破板墊上幾塊土坯就是“課桌”，在帳篷下挖個土坑，就作為烤火的“爐子”。

　　這天，鐵人和工人們正在修築校舍，有個人來到解放村小學。他用鄙視的眼光掃了掃帳篷內外，撇著嘴說：“我簡直像個雞籠。”還指手劃腳地建議，“要搞，就搞得正規化點，這樣的學校不讓人家笑掉了大牙！”

　　鐵人一聽，滿肚子火。他氣憤地說："什麼這個化那個化，我們要的是培養娃子們聽黨和毛主席的話！"

　　這個人苦笑了一聲，掃興地回去了。

　　鐵人轉過身，對剛剛從生產隊請來的家屬談老師說："管誰叫雞籠子，鴨籠子，咱不聽那些鬼八卦，我們按照毛主席的指示辦學，不怕有人笑話，百分之百對路子！"

　　開學了，來了六名學生，鐵人把毛主席像恭恭正正地貼在帳篷的中央，親自上第一課。他走上講臺，第一句話就問："同學們，我們是誰的後代？"

　　"工人的後代！"

　　"貧下中農的後代！"

　　六張嘴齊聲答道。

　　鐵人笑眯著眼睛，又問："你們長大幹什麼？"

　　"當個石油工人！"

　　"扛槍保衛國家！"

　　"拿鋤頭去種地！"

　　鐵人聽了，心裡比吃蜜還甜。他提高了聲音說："對！啥時候都不能忘記黨和毛主席的恩情啊！我們是工人階級的子弟，是貧下中農的子弟，我們一定要好好學習，做無產階級革命事業的接班人！"

　　鐵人辦學上第一課的消息，像長了翅膀似的，很快就傳開了。工人們紛紛把孩子送進學校來，學生迅速增加到四十多人。

　　過了幾天，有個老工人從五裡外的井隊上來到大隊部，見到鐵人就說："老鐵，我愛人生病在省裡住院了。家裡兩個小孩都到了上學年齡，就是路太遠，能不能安排住校？"

　　"行啊！"鐵人望著老工人誠懇的面容，抱歉地說，"看來我們的工作還有漏洞哇，你的困難一定要儘快解決。"經過黨總支批準，鐵人親自給較遠的學生安排了一棟集體宿舍。還根據老工人的特殊情況，把他調到了學校附近的單位工作。

　　不久，鐵人去外地開會。他看見有些小學生手裡拿一張張小畫片，邊走邊讀著。上前仔細一問，原來是啓發式教學圖片。他想，用這種方法識字，既生動實際，又攜帶方便，就買了幾種樣品帶回了大慶。

　　小蘭一聽鐵人回來了，立即帶著明清趕到了大隊部。鐵人拿出一張圖片問小蘭：“這是什麼？”

　　“桌子。”小蘭響亮地回答。

　　鐵人把圖片遞給了小蘭，又拿出另外一張給了明清，姐弟倆又寫又畫地學了起來。

　　第二天，鐵人來學校介紹了外地教學經驗。發動全校師生自己動手，製作圖片，孩子們寫字作畫，邊幹邊學。就這樣，一個看圖識字的教學方法在學校推廣開了。

　　開春後，大地解凍了，千里草原又換上了綠裝。大慶領導機關召開會議，號召全戰區學習薛桂芳和她的生產隊五把鐵鍬鬧革命的精神，自力更生，開荒種地，發展生產，發展會戰。

　　鐵人來到學校，在黑板上端端正正地寫下了“自己動手，豐衣足食”八個大字。他對大家說：“在抗日戰爭的艱苦日子裡，抗大一面學習，一面生產，今天我們也要堅定地走抗大的道路，像薛媽媽和她的生產隊那樣戰天鬥地！”

　　他把師生們領到荒原上，手把手地教大家開荒地，種莊稼。工具不夠用，他就親自動手做了個小烘爐，用廢鋼鐵加工農具。

　　中午休息時候，學生們圍著鐵人，七嘴八舌地嚷著：“鐵人伯伯，抗大是個啥樣子？”

　　“抗大是個革命熔爐，是培養人教育人的學校。”

　　“什麼是抗大道路？”

　　“抗大道路是毛主席提出的，咱要走的就是抗大道路。”鐵人認真地說。

　　孩子們聽了，雖然沒有完全理解，可心裡覺得熱呼呼的。都爲自己能走在抗大道路上而高興，幾個大點的學生湊在一起，編了一段順口溜，高興地念著：

　　我們走在抗大道路上，

　　邊學習，邊開荒，

　　毛主席的教導記心上，

　　道路越走越寬廣。

　　“好！”鐵人高興地喊了一聲。

　　“再念一遍！”“再念一遍！”

　　孩子們喊著，跟著一齊哼了起來。這段順口溜就成了鼓舞大家戰鬥的精神力量。

　　“六一”兒童節前夕，鐵人從外面開會回來，沒顧上回家就忙著給孩子們上了一堂政治課，他從報紙上找了我國臺灣同胞和資本主義國家人民受苦受難的圖片，激動地說：“現在臺灣人民還在受苦受難，世界上還有千千萬萬勞動人民沒有解放……我們新中國的少年就要認真學習毛主席的書，將來爲國家，爲世界人民作出貢獻……”

　　下課了，孩子喊喊喳喳地議論著：

　　“鐵人伯伯的政治課講得就是好！”

　　“他說的淨是家常話，能教育人，越聽越愛聽。”

　　“我看今後乾脆叫鐵人伯伯給咱們當教師。”

　　“那不行，他天天往井上跑，聽老師說，上這一堂課的時間，還是擠出來的。”

　　“喵 ── 喵”一陣急促的汽車喇叭聲，打斷了孩子們的議論。像一聲警報，扣住了鐵人的心。他跑出教室一看，原來是學生們橫穿馬路上廁所，只顧說話沒看車，險些被汽車碰著。

　　“多危險啊！”鐵人倒吸了一口氣。“得趕快想個法子！”

　　他走出學校，立刻到辦公室，找到了趙生海，又把他帶回到學校來。鐵人半開玩笑似的問：“老趙，人長腦瓜子幹啥用？”

“考慮問題唄！”趙生海撓著腦袋不解地回答。

“我看你這腦瓜子還考慮得少。”鐵人指著學校門口的公路嚴肅地說，“小學生橫過馬路上廁所很危險，你看到了嗎？我們要關心下一代的成長，可得全心全意啊！你把青年突擊隊組織起來，明天我們給學校蓋個廁所。”

趙生海過去雖然看見學生穿過馬路上廁所很不方便，但沒有引起重視。這次，鐵人這樣認真地處理這件事，使他很受教育。他紅著臉慚愧地“嗯”了一聲。

晚上，趙生海組織好了人員，可是沒有找到磚頭，他就找鐵人解決。剛走進屋，看到鐵人坐在床上，兩隻褲腳卷得高高的，正在聚精會神地學習《矛盾論》。

鐵人見他走進來，興奮地說：“老趙，你來得正好，今天就請你給我講講精神變物質的道理。”

趙生海沒準備，一下給考住了，難為情地搖了搖頭：“我講不了。”

鐵人招呼他坐下，和他一道談學習體會。鐵人說：“我領會，物質能夠變精神，精神能夠變物質，這個‘變’字上就有很多道理。比方說愚公要移山，他就得靠決心。沒有決心，那麼山還是山，愚公還是移不了山，下了決心，愚公就能移山。這個決心，我看就是精神，就是能變成物質力量。”

趙生海聽了，敬佩地連連點頭。他心裡還想著修廁所的事，就問鐵人說：“老鐵，修廁所沒有磚頭，你看怎麼辦？”

鐵人呵呵地笑了起來：“我們剛學了精神變物質，你就沒有用嘛。外面好多地方都有斷磚頭，揀一點就有了。”他頓了頓又說：“精神變物質，你不去變，磚頭也不會飛到你手裡！”

趙生海聽了，很受啓發。第二天一早，就領著一群青年突擊隊員到處揀碎磚。鐵人也帶著兩個小夥子，跑到幾裡地外，找到野外流動施工隊留下的兩個破鍋臺，拆下磚頭來砌廁所。

學生到校後，見鐵人伯伯正領著青年突擊隊蓋廁所，立即動手幫忙。有的遞磚頭，有的抬土，半天工夫就把廁所蓋好了。

鐵人回到學校，根據新的情況，召集師生徵求意見。

"鐵人伯伯，學校一百多人啦，我們老師一直還沒有辦公桌，你給我們想個辦法。"

還沒宣佈開會，一個學生就講開了。

"那，先把我房子裡的那個拿去用！"

鐵人說完，立刻帶了兩個學生把自己的辦公桌抬進了學校。談老師見鐵人親自抬來了自己的辦公桌，感動得一時不知說什麼好，過了一會，她才一字一句地說："放心吧，老鐵，我一定好好工作，教育好革命的下一代！"

鐵人開完座談會，走進了教室，見土窯窯裡窗戶小，光線暗，就對身後的談老師說："這怎麼行，井打斜了，還可以糾正過來，孩子們搞成了近視眼，就不好治了。"說完，就帶著學生到材料庫領來了大燈泡。

當天晚上，鐵人把小蘭和明清帶到了自己的辦公室，他仔細地打量著姐弟倆剛換上身的新衣服，滿意地笑了。停了一會，他才風趣地說："今天給你們佈置兩個任務。"

"啥任務？"

"我們一定辦到。"

姐弟倆接連回答著。

"第一，要彙報一下成績；第二，每星期要把作業給我看看。"

"我和姐姐的學習成績都評上了優等，老師還在全校表揚過我們倆呢！"明清響亮地回答。

鐵人微微一笑，加重了語氣說："可不能驕傲，要好好學習，天天向上。"

“嗯，鐵人伯伯，我們一定要做毛主席的好孩子。”

這時，外面的喇叭響了，中央人民廣播電臺正在播送著重要新聞，鐵人忙問小蘭：

“學校裡有廣播嗎？”

“沒有。”

“沒有廣播就不能及時瞭解國家大事啊！”鐵人說著，站起了身。

小蘭一見鐵人那著急的樣子，連忙回答說：“我們站隊到這裡來聽。”

鐵人聽了，彷彿心裡那塊石頭還沒有落地，他當晚就同指揮部聯繫，給學校配備了一台收音機。

不久，陳林出差回來了。他在外面擔心小孩沒人照管，到家一看，生活安排得井井有條，姐弟倆還上了學。一打聽才知道鐵人大隊長天天操著心。他流著眼淚跑到大隊部，緊握著鐵人的手說：“老鐵，你真是咱們的好當家人吶！”

鐵人指著身邊的小蘭和明清，含著笑說：“這孩子是人民的，國家的。關心他們，教育他們，是我們的責任。”他望著明清紅潤的面孔，笑著問道：“明清，你學過《爲人民服務》。第一段是怎樣講的？”

明清忽閃了一下眼睛，流利地背誦著：

“我們的共產黨和共產黨所領導的八路軍、新四軍，是革命的隊伍。我們這個隊伍

完全是爲著解放人民的，是徹底地爲人民的利益工作的。”

鐵人拍了明清一把，臉上浮現出了幸福的笑容。

深秋的一天，鐵人徒步來到學校。在校園旁的田地裡，金黃色的穀穗耷拉著腦袋，迎風擺動；粗大的玉米棒子，張嘴微笑；高粱稈上的累累果實，在陽光照耀下，顯得殷紅殷紅。鐵人看看這塊，又看看那塊，摸摸這個，又摸摸那個，高興得合不上嘴，

連聲稱讚："真像是莊稼人種出的好收成！"

他走進校園，只見大門兩旁的《學習園地》琳琅滿目，教室左面圍了一堆人。走到跟前，談老師忙給他介紹，是理髮工人正在給大家講推子使用要領。工人一面比劃著，一面示範著，學生們一邊聽著，一邊琢磨著。

鐵人暗暗稱讚了一聲，"好！"

"殺！殺！殺！"教室後邊，一陣嘹亮的喊殺聲不時傳來。他走過去，只見趙生海正領著孩子們練刺殺。只聽得他喊著：

"防左刺 —— 殺，"

"防右刺 —— 殺，"

"後退一步刺 ——"

"殺！殺！殺！"

練兵場上，木槍飛舞，殺聲震天。鐵人激動地對身旁的談老師說："我看到這些，就看到了未來。我們有了這樣的革命接班人，帝國主義、修正主義想在我們後代的身上打主意，算它瞎了眼！"

他走近小烘爐，只見明清正在叮叮噹噹地敲打著一把鋤頭。師傅挾著卡鉗，他掄著小鐵錘，雙手磨得通紅，臉上滾動著豆大的汗珠，口裡還使勁地念著："下定決心，不怕犧牲，排除萬難，去爭取勝利。"

看著這一切，鐵人興奮地笑了。他笑得那樣的快活，那樣的爽朗。

百煉成鋼

偉大領袖毛主席親自發動和領導的無產階級文化大革命，震撼著大慶草原。在毛主席《炮打司令部（我的一張大字報）》的號召下，鐵人王進喜衝破資產階級反動路線的干擾，和廣大工人群眾一起，向劉少奇一夥鑽進黨內的資產階級代表人物猛烈開火，狠批反革命修正主義路線。

一天上午，鑽井指揮部禮堂坐滿了人，批判叛徒、內奸、工賊劉少奇資產階級反動路線的大會正在進行著。

講臺上，鐵人手捧《十六條》，憤怒地揭發批判資產階級反動路線的罪惡：

"……毛主席的革命路線，歷來就是相信群眾，依靠群眾，讓群眾自己起來革命；那些炮製資產階級反動路線的壞蛋，鎮壓群眾運動，就是妄圖復辟資本主義。我們不批臭這條黑線，黨就會變修，國家就要變色，我們工人就要吃二遍苦，遭二茬罪……"

人們望著鐵人那激憤的臉，屏住呼吸聽著……

這時，王芝和李守西偷偷溜進了會場，在一個角落裡鬼頭鬼腦地晃動著。

鐵人眼睛一亮，那不是被群眾專政的兩個反革命分子嗎！

他怒目圓睜，直瞪瞪地盯著王芝和李守西，"同志們，我們要造誰的反？"

"造資產階級反動路線的反，造劉少奇的反！"群眾異口同聲地喊著。

"有人乘機跳出來翻案，我們答應不答應？"

"不答應！"

"看！那兩個傢伙要幹什麼！"鐵人的手直指著王芝和李守西，人們的眼光"刷"地一下掃了過去。

霎時，會場上響起了"只許左派造反，不許壞人翻天"的喊聲。群眾奪過王芝和李守西手中的黑材料，把這兩個壞傢伙趕了出去。

開完會，在回井隊的路上，王芝和李守西攔住了鐵人。

王芝嘻皮笑臉地走過來："王指揮，現在你知道了吧？"

"我知道毛主席的革命路線取得了偉大勝利！"鐵人迎頭給了他一棒。

王芝賊心不死,又死皮賴臉地說:"指揮部領導犯了錯誤,我的這個帽子是不是也該⋯⋯"

"也該什麼?你想變天,是白日做夢!"

王芝一看軟的不行,就暴跳起來,搖晃著腦袋,咬牙切齒地問道:"你為什麼打擊報復我?"

李守西也接上去惡狠狠地問:"你為什麼把我交群眾管制?"

鐵人厲聲喝斥:"你們是反革命。你們不老老實實接受改造,就是要專你們的政!⋯⋯"

王芝和李守西賊心不死,同社會上的一小撮階級敵人串通一氣,對王進喜進行卑鄙的人身攻擊;他們編造了許多謊言陷害王進喜,企圖從政治上搞垮鐵人,砍倒大慶紅旗。他們還妄圖用強制手段迫使鐵人就範。

一天,王芝、李守西暗中策劃和操縱一些人把王進喜關進了一間密室。王芝手持皮鞭,拿出一張事先寫好的紙,逼著要鐵人簽字。王進喜一見那紙條上寫著攻擊鐵人和誣衊大慶的話,怒火滿腔,他把披在身上的老羊皮襖一甩,大聲說道:"我是鐵人還是泥人由你們說,可大慶是黨和毛主席的大慶,是全中國七億人民的大慶,你們就是把刀架在我的脖子上,我也不承認她是黑的。大慶紅旗我保定了!"

就在這場捍衛大慶紅旗,捍衛毛主席革命路線的關鍵時刻,以毛主席為首的無產階級司令部給大慶油田派來了親人解放軍。此時此刻,鐵人王進喜的心情是多麼激動啊!在解放初期,是毛主席派來親人解放軍把他從三座大山壓迫下解放出來;在石油會戰最艱苦的歲月,大批解放軍來到大慶,宣傳馬列主義、毛澤東思想,幫助大慶鋪設了著名的"八一"水管線,給工人們送來了清甜的泉水;現在,毛主席又派來親人解放軍。鐵人王進喜滿懷激情地和廣大工人一起迎接了親人解放軍,一起並肩戰鬥,粉碎了階級敵人妄圖砍倒大慶紅旗的陰謀，有力地打擊了一小撮階級敵人！

為了保衛大慶油田，奪取革命和生產的全面勝利，在文化大革命期間最緊張的日日夜夜，鐵人王進喜幾乎每天都隨身帶著毛主席著作，背著乾糧袋，奔走在戰區各個井隊，宣傳黨中央和毛主席的戰鬥號召，激勵工人堅持抓革命，促生產！

一次，鐵人背著乾糧袋剛出指揮部，趙生海氣喘吁吁地趕了上來。

“老鐵，你看這上面寫的是什麼！”趙生海一邊擦著臉上的汗，一邊把手中傳單遞給了他。

鐵人拿過傳單一看，眉宇間立即皺起了一個疙瘩，傳單上寫的標題是：停產鬧革命。

“這是我從二隊回來的路上揀到的。”趙生海著急地說，“聽說其他地方也發現了這種傳單。”

鐵人耐著性子看完手中的傳單，憤慨地說：“這完全違反毛主席關於抓革命，促生產的指示。大慶生產絕不能停，我們要趕快去宣傳群眾，識破階級敵人的陰謀！”

他來到了二隊，見柴油機轉動著，井口卻沒有人操作。他又上了鑽臺，只見小董一人在現場值班。

“老鐵，你來得正好。”小董親熱地和鐵人打招呼，又連忙問道：

“傳單上的事是真的嗎？”

“你說呢？”鐵人問他。

“李指導員說是造謠，我看也是。今天早上幾個青年工人看見傳單，沒到下班時間就離開了崗位，造成了人手不夠。”小董說著，指了指列車式的野營房，“大家正在學習《十六條》，針對傳單討論呢。”

鐵人在井場上檢查了一遍，就走進野營房。屋子裡，見指導員老李正在講著:"……我們要對祖國的建設負責,要爲文化大革命生產出更多的油。停產是階級敵人的陰謀,我們絕不能上當。"

"對!"鐵人接上去堅定地說:"抓革命,促生產,這是黨中央、毛主席給我們下的命令,我們停鑽一分鐘,就是給革命造成一分損失,就是我們的失職……"

討論會結束後,人們紛紛表示決心。李指導員和小董把"抓革命,促生產"六個大字,寫在野營房的牆壁上。

井場上沸騰了。人們精神煥發,鬥志旺盛,懷著激動的心情走上了鑽臺。

大家彷彿感到:這八米見方的鑽臺,和無產階級文化大革命,和祖國社會主義建設,和世界革命的風雲緊緊連在一起。

"老鐵,馬上要進入取心地段了,可是,還缺岩心筒。"李指導員在一旁說道。

"好,我去看看。"

"還是我們去吧!你那麼忙。"

"不,我情況熟,還是我去。"鐵人說著就要動身,老李勸不住,只好跟著一起走了。

鐵人和李指導員找來汽車,把岩心筒拉回井隊。卸完車後,李指導員見鐵人不住地用手帕擦汗,臉色顯得很蒼白,知道他的胃病又犯了,關切地說:

"老鐵,你進去坐坐吧,吃碗熱麵條,暖和暖和。"

"不用,"鐵人拍了一下身上的乾糧袋說,"一會喝點水,吃口乾糧就行了。"說完,又走上了鑽臺。

這一夜,北風呼呼地刮著。胃病和關節炎折磨得鐵人一夜沒有入睡。天剛濛濛亮,他又背起乾糧袋向三隊走去。人們起身要送他時,他的影子已經消失在晨曦之中。

三個多月來,鐵人跑遍了全油田每一個井隊。在他的帶動下，廣大幹部和工人，在鬥爭最激烈的日子裡，始終堅守在戰鬥崗位上，堅持抓革命，促生產，保質保量地完成了任務。

有人見鐵人堅持抓革命，促生產，關心群眾生活，就放出空氣，說他是為了討好群眾，給自己撈取“政治資本”……

聽了那些流言蜚語，群眾非常氣憤：

“哼，這完全是惡意中傷，污蔑鐵人！”

“老鐵一個心眼想著群眾利益，從不考慮個人得失，他想撈什麼？”

“……”

這天，鐵人從基地回來，大家看他兩肩沾滿了泥土，立即圍了上來。

“老鐵，你辛辛苦苦地幹，成天風裡來雨裡去的，可有人說你是想討好群眾，撈‘政治資本’。”小董搶先說。

“撈‘政治資本’？”鐵人哈哈大笑了兩聲，“讓他們說去吧，咱聽黨和毛主席的話就不會有錯！”

小董眨了眨眼，又說：“他們還講，要拿點厲害給你看看。聽了這些，我們又氣又急，也常為你擔憂。”

“我幹，是為了捍衛毛主席的革命路線，是為中國革命和世界革命幹；階級敵人企圖讓我躺倒不幹，就是要我背離毛主席的革命路線，我絕不上他們的鬼圈套，他們越反對，我就越要幹，幹到停止呼吸的時候算！”

鐵人一席話，是那樣的鏗鏘有力！充分體現了無產階級先鋒戰士的崇高品質，是鐵人以實際行動捍衛和執行毛主席革命路線的真實寫照！

在中國人民解放軍支左部隊的支持和幫助下，革命形勢迅速發展，大慶煉油廠革委會就要成立了。這個消息像春風一樣吹遍了油田，職工、家屬、紅衛兵小將奔相走告，熱烈地歡呼毛主席無產階級革命路線的勝利，歡呼人民解放軍“三支”“兩軍”工作的成果。鐵人也高興得幾夜沒睡好覺。

就在這個時候，刮來了一股歪風，一小撮階級敵人妄圖將紅色政權扼殺在搖籃裡。鐵人意識到，這是一一場捍衛毛主席的革命路線，保衛紅色政權的激烈鬥爭。

深夜，在一間簡陋的乾打壘房子裡，鐵人全神貫注地伏在桌子上，埋頭寫支持煉油廠革委會成立的大字報。

在鑽臺上，他揮動沉重的大鉗，感到渾身有使不完的勁，一點也不覺得吃力。今天，他拿起不到半兩重的筆桿，卻感到比大鉗還要重幾十倍。是啊，舊社會的學堂他連

邊都沒沾過，解放後在黨的培養下，才識了些字。而現在，他卻要用筆把滿肚子的激情寫出來，該是多麼不容易啊！

睡在一旁的小甫，一覺醒來，看著自己的爸爸還在那裡吃力地寫著，一翻身坐在坑邊上。

"爸爸，我替您寫吧！"小甫說著就走到了鐵人的身邊。

"不，我寫，你能替我寫，可不能替我幹革命啊！你睡吧！"鐵人認真地說。

"不，爸爸，我也要跟你一起去戰鬥。"

"好！"鐵人聽了，滿意地點了點頭，轉身問小甫："你知道有人想破壞新生的革命委員會嗎？"

"知道，你不是說這是階級敵人的陰謀嗎？"

"對！階級敵人在蒙蔽一部分群眾，想搞垮新生的革命委員會。"鐵人舉起了手中的毛筆說，"這就是和他們打仗！"

清晨，東方剛露出一片魚肚白，鐵人已經拿了大字報和趙生海來到煉油廠。

革委會的門前，張燈結綵，好不熱鬧。鐵人和趙生海一起，把大字報貼在牆壁

上……

煉油廠革委會老張，緊握著鐵人的手激動地說："老鐵，從

你這張大字報中，我們受到了鼓舞，增添了力量！」

大家紛紛擠上前去，看著，議論著。

「看了大字報，就像看到了鐵人那顆紅心……」

「走，咱們也去寫大字報，以實際行動保衛紅色政權。」

煉油廠革委會的成立，就像一聲春雷，震盪著千里草原，把大好的革命形勢，又推進到一個新的階段！

這天下午，鐵人從井隊回到了指揮部。

「老鐵，我正找你。」鐵人還沒進宿舍，趙生海就迎上來說，「拖拉機隊的聯合確實夠嗆，前幾天咱們辦了兩次學習班，剛有點門兒，最近又回潮了。」

「回潮啦？」鐵人揚了揚眉毛，連忙問道。

「今天上午我又參加了他們的會議。兩派群眾要求聯合的呼聲很高，就是少數頭頭還是爭執不休，說不上兩句就是什麼『核心』、『席位』的。」

鐵人沉思了一會。問趙生海：「你看拖拉機隊長期不能聯合的關鍵在哪裡？」

「這還不是清楚得很！」趙生海馬上回答說，「關鍵在頭頭嘛！」

「是啊，眼下最重要的就是要解決頭頭的思想問題！」鐵人停了停，接著又說：「今晚就去拖拉機隊，再辦個學習班。」

晚上，鐵人和趙生海來到拖拉機隊，還沒走進會議室，就聽見有幾個人咋呼得很厲害。

「……我覺得，要聯合就得商量好名額。造反隊經過急風暴雨的鍛煉，路線鬥爭覺悟高，名額就應該多些。」聽聲音是造反隊召集人老杜。

接著傳來一個年輕人的聲音：「你不要靠口大氣粗嚇人，我們造反團成立早，在同階級敵人鬥爭中，是我們衝鋒陷陣……」說話的是另一方頭頭小鐘。

鐵人和趙生海進了屋,見老杜和小鐘沉著臉,正激烈地爭辯著。

見了鐵人,兩人才算平靜了些。

鐵人給大家念了毛主席有關革命大聯合的教導,然後說,"我們不能在'核心'上打轉轉,我們當頭頭要革命,不當頭頭也要革命,現在你們兩派雖然說法不同,但都想當'核心',因此就聯合不起來,就給革命和生產帶來了損失……"

趙生海也急衝衝地接上去說:"我們要想聯合,就得做到不利於團結的話不說,不利於團結的事不做。咱們兩派老糾纏著對方的缺點不放,就沒辦法聯合。"

會場沉靜了,人們都考慮著自己的打算。除了門外不時傳來的風聲,屋裡一點聲響也沒有。

十多分鐘過去了,還是沒有人發言。鐵人真有點坐不住了,心裡一急,話也就從口裡倒了出來:"你們聯合不起來,影響革命的深入發展,這剛好中了階級敵人的鬼計。"他加重了語氣,一字一句地說,"我們大家都想想,是誰把我們分裂成了兩大派,是誰讓我們階級兄弟鬧對立?"

提起"鬧對立",老杜和小鐘確實有一段曲折 ——

從石油會戰開始,老杜就來到了拖拉機隊,那時全隊只有五十多人。後來,隨著油田建設的發展,拖拉機隊增加到二百多人。小鐘六三年來隊後,剛好分配到老杜的機組。老杜經常關心著小鐘的成長和進步。小鐘也經常向老杜談自己的思想和工作。以後,老杜改行當了維修工,小鐘也曾提出要跟老杜當學徒的建議。由於工作需要,領導沒有同意。文化大革命開始後,兩人一起合寫批判"三家村"的文章,共同張貼支持紅衛兵運動的大字報。後來,由於資產階級反動路線的干擾,兩人發生了矛盾,各吹各的號,各唱各的調。最近,大聯合一浪高一浪地發展,鐵人給他們舉辦了兩次學習班,對他倆也有不少觸動。但他倆還是沉臉相見,背身而過，思想深處的疙瘩，一直沒有解開。

　　已是深夜十一點多了，會場上還是一派僵局。“看來真正解決問題，還得做過細的工作。”鐵人心裡說了一句。

　　回隊的路上，鐵人問趙生海：“對今天這個會，你有什麼想法？”

　　“這兩個頭頭頂得可夠硬……”

　　“不！”鐵人的聲音變得宏亮有勁，“今天的會開過後，我有了新的想法！”趙生海靠近鐵人，忙問：“有啥新想法？”

　　鐵人具體分析了老杜和小鐘的矛盾，說：“前幾次我們雖然瞭解了他倆的情況，舉辦了學習班，但還沒有對矛盾進行認真的分析研究，沒有抓住主要矛盾。”

　　老趙想了一會，說：“看來老杜是矛盾的主要方面。”

　　“對！”鐵人點點頭，“老杜想倚勢壓倒小鐘，可人家就是不買他的賬，我看要解決問題，還要多做老杜的工作。”

　　第二天，鐵人又來到了拖拉機隊。

　　老杜還為昨晚的事撓頭呢。他無精打采地出了宿舍，看見鐵人正急匆匆地向隊上走來，口裡說了一句，“又來做我的思想工作了，”急忙背過身，打算離開隊部。可轉念又一想，不對，鐵人三番五次來找自己，是為了什麼？他跑了四五裡路趕到這裡來，自己又怎麼能背身不理呢？

　　“老鐵，你又來了。”他索性迎上去，把鐵人領進了自己的宿舍。“為了我們這事，你恐怕三雙鞋也磨掉底了。”

　　“沒啥，只要把這裡的問題解決了，磨掉十雙鞋也值得！”鐵人爽快地說。

　　兩人一起坐到了床沿上。老杜來了個開門見山，張口就說：“老鐵，昨晚你說的話，對自己確實有不少啟發，隊上兩派都是革命群眾組織，這點我也承認，應該實現大聯合……”

　　“是啊，只要兩派都是革命群眾組織，就要在革命的原則下實現革命的大聯合！"

老杜換了口氣，接著又講了下去："就是小鐘領的那幫小隊伍，成天張羅著大聯合要服從他們，我一聽就憋不住氣。他們越叫，我們就越壓，他們叫得越凶，我們就壓得越狠，我就要看看他們到底有多硬！"

"老杜，我們要人服，只能說理，不能硬壓。你看，你越壓小鐘，人家就越不服你，大聯合也就搞不起來！"鐵人進一步開導他。

"說實在的，老鐵，自從上次辦過學習班，我心裡開朗多了。可就是在辦過學習班的第二天，碰上了他們幾個小頭頭，見了面嘴撅得都能拴頭驢，我可真夠氣的。那天他們開整風會，來請我們派人參加，我也沒理睬。"

"這樣看來，拖拉機隊不能聯合，主要問題還在咱自己身上！"鐵人說到這裡，語氣變得更沉重了，"人家在聯合上做了工作，我們就應該趕上去，他們的缺點，咱不應多計較，相信他們自己會用整風的方法克服的……"

鐵人接著又跟老杜一起學習了《十六條》。他說："小鐘他們就是從一批不出名的青少年，成了勇敢的革命闖將。過去，他是我們的學徒，如今成了革命造反派的頭頭，我們應該正確對待他們，不應對他們輕視，更不應壓服。我們要從嚴要求自己啊。"

老杜聽著鐵人的話，覺得有道理，可總感到自己向對方靠上去，是降低了身份。想到這裡，他望瞭望鐵人："要我向他們檢討，那不成！"

"怎麼不成，我們是在黨的領導下幹革命，只能有一個標準：有利於革命的事要多做，有利於革命的話要多說！現在，人家都向咱伸出了雙手，我們能甩袖不理？咱頭腦裡的個人主義王國，應該好好破一破！"……

兩人一直談到中午。鐵人要到趙成副指揮家去。老杜跟在身後走出隊部，正好小鐘領著大家出車回來，他見了鐵人，立即趕了上來。

三人走上土丘，遠遠看見一隊工人敲鑼打鼓湧進了指揮部。鐵人望著他們的背影，讚歎了一聲：“你們看，二大隊革委會也成立了！”

這時，身後的小鐘和老杜可有點耐不住了：

“老鐵，你放心吧！”

“我們一定趕上去！”

兩人不約而同地發出了一個聲音。

鐵人順著高低不平的小道向打虎莊走著。他剛擱下拖拉機隊的事，又思考起如何做趙成工作的事了。

趙成是個參加革命二十多年的老幹部。在戰火紛飛的年代，他在太行山區打過日本鬼子，又在冀中平原當過武工隊。解放後轉業到玉門，以後又調到大慶。工作中有一些缺點和錯誤，在無產階級文化大革命中，群眾對他進行了批評，可他總感到自己參加革命早，沒有功勞還有苦勞，對群眾的批評想不通。

鐵人進了打虎莊，看見趙成正蹲在門口，眼睛盯著門前的一棵樹，巴嗒巴嗒地抽煙。

趙成見了鐵人，站起身來打招呼。鐵人按了他一把，兩人一起蹲了下來。

“老趙，最近情況怎樣？”鐵人望著趙成，親切地問。

“通過學習，有了些認識，但腦袋裡的彎子一時還轉不過來。”趙成直率地把自己的想法談了出來。

鐵人聽了，覺得也確實對自己的功和過，還沒有轉過彎子。就帶著深厚的階級感情對趙成說：“老趙，咱倆學一段毛主席語錄。”

“……無數革命先烈為了人民的利益犧牲了他們的生命，使我們每個活著的人想起他們就心裡難過，難道我們還有什麼個人利益不能犧牲，還有什麼錯誤不能拋棄嗎？"

"老趙，革命先烈爲了黨的事業，生命都能夠犧牲，我們對自己的思想包袱還捨不得扔掉？能對得起他們嗎？你以前不是還給工人們講過戰鬥在青紗帳裡的老連長的故事嗎？"

提到老連長，勾起了趙成的深思，他陷入了往事的回憶之中──

一九四二年，正是抗日戰爭最艱苦的時期，當時還在八路軍某部當班長的趙成，同連長一起接受了去京漢路東加強地方武裝鬥爭的任務。通過敵人封鎖線時，連長負了重傷，趙成把他背進青紗帳，他微微睜開眼，望著十七歲的趙成，顫動著嘴說："我沒有完成黨交給我的任務！"他把自己的公事包和手槍交給了趙成，用盡平生氣力說："祝 ── 革命一勝利。"說完就犧牲了……

想到這裡，趙成禁不住流下了熱淚。

鐵人看看趙成的神色，知道他是想起了英勇犧牲的先烈。他滿懷激情地對趙成說："毛主席親自發動和領導的無產階級文化大革命好得很，要是沒有文化大革命，你能把劉少奇這樣的壞蛋揪出來嗎？我們把這些壞家揪出來了，無產階級專政鞏固了，這是最大的勝利，這是關係到中國革命和世界革命的大事。難道能再讓千千萬萬的勞動人民吃二遍苦，遭二茬罪？"鐵人接著又談了毛主席對老幹部的關懷和期望，鼓勵他鬥私批修，繼續革命……

一次，二次，三次，當鐵人第四次從趙成家回到指揮部時，趙生海正在屋裡等他呢。

"老鐵，今天你咋這樣高興？"趙生海見他那興沖沖的樣子，禁不住問。

"趙副指揮在解放軍同志和廣大群眾的熱情幫助下，到底站起來啦！"

'那太好了！'趙生海高興地喊了一聲，"我說老鐵呀，你在老趙身上花費的心血可真不少，總算……"

"不！這主要是解放軍同志熱情幫助的結果。" 鐵人認真地說。

趙生海隨手把一封信遞給了鐵人："老鐵，你再看看，還有喜訊哪！"

信封上，醒目地寫著 "感謝信" 三個大字，下面署名是 —— 拖拉機隊大聯合委員會。

鐵人興奮地拆開信⋯⋯

一九六八年五月三十一日，大慶油田革命委員會在階級鬥爭的急風暴雨中誕生了！

在慶祝大會上，被廣大工人一致推選為大慶革委會副主任的鐵人王進喜，邁步走上講臺，他懷著無比激動的心情說："大慶的一切勝利，都是馬列主義、毛澤東思想的勝利，都是毛主席革命路線的勝利，是人民解放軍大力支援的結果。我們要永遠跟著毛主席、共產黨，把中國革命和世界革命進行到底！"

廣場上，千萬杆紅旗在迎風飛舞，千萬顆紅心在激烈的跳動⋯⋯

永遠是一個鑽工

一九六九年五月，鐵人參加黨的 "九大" 後，回到了大慶。

他懷揣毛主席著作，帶著 "九大" 文件，深入戰區的井隊、工廠、機關、基地、學校，熱情地宣傳無產階級文化大革命的偉大勝利，傳達 "九大" 精神。

這一天中午，鐵人剛從一大隊傳達完，正好碰上指揮部司機李耀民在卸一卡車器材。他放下挎包，動手幹了起來。

"不用啦，老鐵！你天天起早摸黑就夠累了，還是我自己來！" 李耀民見鐵人不顧疲勞，開完會還沒來得及喘口氣，就來幫自己卸車，真有點過意不去。

鐵人一邊挽著袖子，一邊回答說："沒關係，咱倆搭把夥，一會就完了。"說完，就動手提起了一捆鋼材。

僅用了十多分鐘，一卡車器材就卸完了。李耀民舒了口氣，不覺心頭一陣輕鬆。他問鐵人："老鐵，下午你去哪裡傳達？"

"到一二六二隊。"

"我順便帶你去。"

"好！時間不等人，咱現在就動身。"鐵人說著，跨進了駕駛室。

車子在公路上飛馳，不一會兒，在一棟列車式野營房前停了下來。鐵人出了駕駛室，關切地招著手對李耀民說："小李，下來喝口水，加加油，休息一一會吧！"

"啊哈，你在車上已經給我加足了'油'啦，我還有新的任務哩！"李耀民滿臉堆笑回答著，又開起車子繼續向前駛去。

六二隊的工人們一聽鐵人來傳達"九大"精神，像一陣風似地湧向井場，自覺整好了隊。

鐵人深情地望著這些奮戰在生產第一線的戰友。一雙雙期待的眼睛，一顆顆激烈跳動的心，是多麼渴望儘早儘快地聽到黨和毛主席的指示啊！

傳達時，他發現全隊五十八個工人中少了青工小張，過後就問隊長：

"小張上哪兒去了？"

"噢——"隊長見鐵人對隊上的人這麼熟悉——雖然井隊離戰區上百里路，可每個工人都裝在他心裡，很受感動，頓了頓才回答說："小張生了病，昨天回家了。"

鐵人一聽，決定親自到小張家去傳達。

"老鐵，小張回隊後我們就立即給他傳達。"隊長在一旁說。

"不！"鐵人笑笑說："我去，既能傳達'九大'精神，又可以看望階級弟兄，不是件很好的事嗎！"

　　從小張家回來，已是晚上九點多了。鐵人又找到值夜班的機關食堂的炊事員跟他們一起學習"九大"檔。

　　學習結束時，食堂革委會的李明急匆匆地跑了進來，衝口就問："老鐵在這兒嗎？"

　　"跟班長談心哩，有啥事？"

　　"西安張大娘來信啦！"

　　炊事員小林一聽張大娘，立即想起了因公犧牲的張方海。張大娘的兒子死了以後，鐵人一直關心著她。聽說張大娘來了信，小林很想知道信的內容。就問老李說："信的內容保密嗎？"

　　老李撓著頭皮，停了一會說："不保密，聽了受受教育也好。"

　　老李把信遞給小林。小林就琅琅地讀了起來：

　　老鐵：

　　你在本月十二日寄來的毛主席畫像我收到了。你在信中給我傳達了"九大"精神。這幾天我好像感到自己不是七十多歲，而是年輕了好多。我一心想著再能為革命出點力，把黨在"九大"上提出的任務完成好。

　　今托人代筆給你寫信，感謝你對我政治上的關心。……

　　小林看完後，情不自禁地喊了起來：

　　"呵，老鐵宣傳'九大'精神可真細，連七十多歲的老大娘也沒忘啊！"

　　"可不是，你沒聽他說過，自己要像個'撒種機'，把'九大'精神撒到群眾中去嗎！"老李在一旁接著說。

　　這時，鐵人從裡屋出來。小林忙把信給了他。鐵人看完後，興奮地把信往上一舉："你們看，人家張大娘那麼大年紀了，都想著落實'九大'精神哩，我們這些小年輕，更應該加把勁啊！"

　　"對，我們更應該把'九大'提出的戰鬥任務完成好！"李明激動地說。

小林望望鐵人，把拳頭在胸前一揮："老鐵，你放心，我們炊事班一定，一定……"

鐵人見小林緊握拳頭，一時說不下去的那副模樣，一按他肩膀說："一定什麼？還是看行動吧！"一句話，說得大夥都笑了起來。

燈光下，鐵人認真學習毛主席關於"不要脫離群眾，不要脫產，又要工作"的指示，工工正正地在筆記本上寫著：要永遠聽黨聽毛主席的話，永遠不能忘掉勞動。忘了勞動，就會忘掉了黨，忘掉了階級兄弟。

一天上午，鐵人在靠近油田邊緣的一個井隊傳達"九大"精神。剛開完會，他就和工人們一起上了鑽臺，揮動起沉重的大鉗把鑽杆打得"哧哧"直響，鑽杆從他的手下一根接一根地伸進了地層……

休息了，鐵人背起挎包走下鑽臺。工人們一齊圍了上來。

"老鐵，你離開井隊八九年，又當上了領導，可你的大鉗打得還是那樣俐落。"

鐵人憨厚地笑了笑："我是個鑽工，當了幹部還是個鑽工，不管擔任了什麼職務，我首先是個工人！"他習慣地坐在鑽杆堆上，順手放下了背著的黃挎包。

"咣噹……"從放在鑽杆堆上的挎包裡發出了聲音，人們都愣住了。

"老鐵，你這裡面裝的是啥傢伙？"司鑽朱全民聽著這異樣的撞擊聲，盯住挎包問道。

"是早晨在路上揀到的幾個螺絲！"

朱全民打開挎包，裡面除了《毛澤東選集》四卷合訂本和"九大"檔外，還有一個鼓鼓囊囊的信封。倒出來一看，啊，原來是五顆帶了鏽的螺絲。再仔細一瞧，信封裡又滑出一根小小的大頭針。有個青年工人好奇地看了一眼："揀這小玩藝有啥用？"

"有啥用？"鐵人反問了一句，"一個螺絲是整個機器的一部分。不要看不起眼。丟掉了就浪費了它的積極性，揀回來就能出一把力！"

這個青年眨了眨眼，伸手揀起了一個螺絲，仔細地端詳著。

在一旁的一位老工人，像想起一件大事似的，連忙說道："老鐵，打虎莊附近還有一批散失的器材，我看收回來敲把敲把，還能用到生產上去。"

"我們村子後面的水泡裡，還露著一些角鐵，泡在水裡太可惜了。"

"……"

鐵人聽著人們的議論，陷入了沉思。他想，艱苦奮鬥是無產階級的命根子。條件差要艱苦奮鬥，條件好了也要艱苦奮鬥。要跟著毛主席繼續革命，就必須把艱苦奮鬥的大旗扛到底。

在鑽井指揮部常委會上，鐵人提出成立廢舊材料回收隊的建議。他說："毛主席歷來教導我們，要節約鬧革命。深入貫徹'九大'精神，認真搞好節約鬧革命，除了開展群眾性的回收活動以外，還應該有一支回收廢舊、散失器材的隊伍。我們必須肅清劉少奇反革命修正主義辦企業路線的流毒，批判大手大腳的錯誤思想，在頭腦裡播下艱苦奮鬥的種子，不給資產階級糖衣炮彈打開洞子！"

大家對鐵人提出的建議，進行了熱烈的討論，一致認為成立回收隊很有必要。接著人們又提出這樣一個問題：派誰組織籌建回收隊呢？

鐵人想了一會對大家說："我對油田情況熟悉，這個任務就交給我！"

"老鐵，你是中央委員，應該抓綱抓線。揀破爛這活兒，還是交給別人去幹吧。"有個幹部在一旁說。

鐵人聽了，認真地解釋說："啥叫小，啥叫大？毛主席教導我們去做的事都是大事！搞回收，揀破爛看起來事小，可它和油田建設，和支援世界革命緊密相連啊！"

常委會同意了鐵人的意見，決定立即動手籌建回收隊。

一大早，鐵人就趕到了回收隊的臨時宿舍 —— 反修村交通車候車室。他拿起掃把，把屋裡屋外打掃乾淨，從基地找來草墊，打好地鋪，又從挎包裡掏出幾幅標語，貼在牆壁上。直忙到中午時分，他才輕輕地舒了口氣。

鐵人拍打了一下身上的灰塵，徒步來到一裡外的土丘上。這裡除了一片樹林，都是荒草甸子，多年的暴雨在草甸上留下了大大小小的溝壑。"回收隊就要在這裡'安家立業'了。"鐵人一邊踱著步，一邊不時地向遠方眺望著。

這時，遠遠來了兩個背背包的鑽井工人。走在前頭的是會戰時期的學徒工，現在即將來擔任副隊長的張成志，後面的是個學徒工，名叫劉志義。

兩人來到了交通車站。一棟乾打壘土屋，外面貼著"自力更生，艱苦奮鬥"，"備戰、備荒、為人民"的紅紙標語。屋裡雖然設備簡陋，但整理得井井有條，樸素大方。

"這就是咱們的宿舍？"小劉驚異地問。

"很可能是，說不定還是鐵人親自打掃的哩！"

說話間，鐵人從土丘上回來了。

"老鐵，這就是咱們的宿舍？"小劉還是有點不相信。

"對，咱們先住在這裡。等人都上來了，就在土丘上蓋房子，建立回收隊。"

小劉一聽"建立回收隊"，他想，要建也不困難，現在的條件這樣好，只要鐵人說句話，要什麼都不成問題。忙接上去說：

"老鐵，你是中央委員，又是大慶革委會副主任，批個條子，領上幾部新汽車，拉上幾萬塊磚，蓋起房子，掛上牌子，回收隊不就成立起來了？"

鐵人搖了搖頭，語重心長地說："小劉，咱們成立回收隊，就是落實毛主席的勤儉建國偉大方針。咱自己能走，就不要別人來扶。靠大家的兩隻手，成立回收隊，建設回收隊。"

鐵人帶著大家奔走在油田上，清倉挖潛找廢車。半個月工夫，他們就跑遍了全油田，把破爛車輛全拉到了回收隊。

一場修復破車的戰鬥打響了。廣闊的草甸子就是廠房。

這是一個星期天晚上，月光撒在草甸子上，四周一片寂靜。

小劉正在吃力地卸著車上一個大滾筒。卸了好久還是紋絲不動，他深深地歎了口氣："唉！這傢伙真太頑固了。"

正在另一台車上工作的鐵人，聽到了"太頑固"幾個字，就直起身來，走到小劉跟前，說："現在已經十二點多了，你先去吃飯，我來卸。"說著便從小劉手裡奪過扳手。

"老鐵，你已經幹了這麼長時間，還沒吃飯，還是你先去吃吧！"，小劉推辭著。

"咱倆打攻堅戰，你先去吃，吃過飯來接班。"

小劉這才離開了工地。

鐵人獨自一個人卸滾筒。他提來一桶開水倒在生銹的部位上，又找來廢柴油浸泡鏽死的零件。過度的緊張勞動，使他感到一陣劇烈的胃疼，酸水直往上冒，豆大的汗珠不斷從臉上往下淌，實在支撐不了，就用扳手頂一頂胃部，再直起腰繼續幹。

等到小劉吃完飯，鐵人已把鏽死的滾筒卸下來了。

小劉看了看滾筒，又望瞭望鐵人，感動得好久沒說出一句話。過了一會兒，他接過鐵人手中的扳手激動地說："老鐵，這班我接著幹！"

鐵人拍了拍小劉的肩膀："今晚的任務完成啦，明天再幹吧！"

經過一個多月的日夜奮戰，八台破車修復好了。

接著鐵人又帶領大家迎著烈日，頂著風沙，到草原上揀碎磚頭,拆破房子、空馬棚、爛菜窖裡的舊木料。他說:"破磚不破牆,短木接長梁,咱用這碎磚、短木,同樣可以建成好房子!"

火熱的房建工地上,人們唱著嘹亮的歌子,喊著勞動號子聲:

乾打壘呀自己蓋,

一座座土房自己造。

接過艱苦奮鬥的傳家寶,

南泥灣精神放光輝。

挑水的穿梭忙,

就像那大雁飛,

號子唱得震天響,

夯聲如春雷。

……

地基打好了。鐵人拿起了泥抹子,又領著大家砌牆。他看見劉志義等幾個小夥子把牆砌歪了,就親自給大家示範。小劉在一旁插嘴說:"老鐵,歪一點沒啥,要一點不歪,得專門有個水平儀。"鐵人聽了,認真地回答說:"為人民服務的思想就是最好的水平儀。咱砌牆也要做到認真負責,完全徹底!"

第二天,要上房架了。可是房架子還沒有趕出來。鐵人把袖子一挽,操起斧鋸又當起了木工。

正在一旁合泥的張成志拉了小劉一把:"你看看老鐵的行動,咱們也得想個辦法把房建任務突上去。"

"我也正想這事哩!"小劉接上去問,"你看想個啥辦法?"

"咱給班裡提個建議:今晚來個'夜上房架'。"

小劉拍了張成志一把,高興地點了點頭。

深夜,鐵人從大慶革委會開完會,回到臨時宿舍,照例給大家查鋪蓋被。當他走到小劉床前時,只見床上空蕩蕩的,他又仔細察看了旁邊幾個青年工人的鋪,都沒見人。

“咦！人都上哪去了？”鐵人自言自語地問道。

他摸黑出了門，隱隱約約聽見樹林子那邊房建工地上傳來了一陣口號聲。

“嗨！這幫小夥子！”鐵人讚歎了一聲，直向工地奔去。

“老鐵，這麼晚了，你怎麼又跑來了？”小夥子們一見鐵人，連忙圍了上來。

小劉縱身從房沿上跳下來，拉著鐵人的手：“老鐵！你還是回去休息吧，天天晚上披星戴月地幹，身體咋吃得消，再說，你成天東奔西忙夠累的了。”

“和大家一起幹，心裡就踏實。”鐵人說著就要上去架房梁。

“不行，不行，老鐵，你的身體……”張成志一把拉住了鐵人。

“身體是幹革命的，要用在革命上。”鐵人說完，指了指房頂，“咱今晚加把勁，把最後這一棟房的檁條全釘上去，明天就上房蓋。”

大家勸不住他，只好跟著鐵人豎起了架子。工地上一陣又一陣歡樂的歌聲，此起彼伏，在夜空中回蕩……

連續一個多月的日夜奮戰，在鐵人精神鼓舞下，三棟乾打壘土房和一座可停放六輛汽車的大車庫，在草原上立起來了。沒向國家要一塊新木料，沒有領一塊新磚。這不是幾棟簡單的乾打壘土房，是大慶工人階級艱苦奮鬥精神的寫照，是“備戰、備荒、為人民”光輝思想的成果。

乾打壘土房蓋起的第三天上午，副隊長張成志正在車庫裡擦車，見鐵人背著背包，大步流星地進了小土屋，急忙放下手中的鉗子，跟著踏進土屋門。張成志見鐵人把背包打開，整理鋪蓋，連忙奪過被子挾在腋下：“老鐵，這泥牆還是濕的，你怎麼能睡！”

鐵人一見張成志這股猛勁，“呵呵”地笑了起來：“把我當客人啦……"

"不行不行，你有嚴重關節炎，隊裡研究過，不能讓你在這裡住。"張成志寸步不讓。

"紅軍爬雪山過草地，睡在泥草裡，我們這不好多了？再說比一比咱們來大慶頭天住的破馬棚咋樣？不是強多了？"鐵人把老羊皮襖鋪在床上，爽快地說："來，背包放在這上頭。"

張成志見鐵人已下了決心，只好讓了一步："這樣吧，過兩三天牆幹一干，你再來住！"

"跟大家住在一起，擠擠就暖和了。"鐵人說著，從張成志手裡拿過了背包。

就這樣，鐵人在回收隊"安家落戶"了。除了開會和因公外出，始終和工人們實行著"五同"。

這天，鐵人領著大家去打虎莊回收。在一片荒草灘上，他們揀到了一堆螺絲、套管和廢鋼材。青年徒工小劉見"大氣"已過，向鐵人報告說："這裡沒油水了，咱們轉移吧！"

鐵人站起身，仔細檢查著周圍。突然，他看見小劉跟前有個一寸長的螺絲，揀起來一看，雖然生銹了，但鐵人彷彿感到它正在眼前閃閃發光。他把螺絲掂了掂，問道：

"這個螺絲有多重？"

"我看最多有一兩，收這小東西太費時間了。"小劉漫不經心地說。

鐵人回頭又問大家："這螺絲是誰的？"

"國家的！"

"人民的！"

工人們齊聲回答。

"對，是國家的鋼鐵，是七億人民的鋼鐵，我們一兩也不能丟！"鐵人嚴肅地說道。

小劉見鐵人對一兩重的廢螺絲這樣鄭重其事，心想，一個中央委員,怎麼穿著油膩的工服來揀破爛,和這麼個小廢料打交道?

"小劉,"鐵人拍了一下他的肩膀:"你說,我們搞回收爲什麼?"

"發揚艱苦奮鬥的精神。"

"我們艱苦奮鬥爲了什麼?"

"爲了社會主義建設唄!"小劉利索地回答。

鐵人輕輕點了點頭,又很快補上一句:"我們艱苦奮鬥不僅爲了建設祖國,還有個子孫萬代永不變色的大問題呀!"

一向很活躍的小劉,這時卻變得尷尬起來,他雙手折皺著衣角,漲紅著臉說:"我明白啦!"

鐵人聽他話裡有話,索性問個究竟:"你倒說說,怎樣個明白法?"

小劉看到身旁這位中央委員這樣可敬可親,一股激情湧上心頭,一口氣把心裡話全倒了出來。

小劉是剛從學校分配來油田的。起初,他覺得自己有知識,一定會受到領導重視。沒想到回收隊剛成立需要人,就把他調來當了"回收工"。因此,總感到面子不光彩,見了彎著腰,說話音不高,幾次想調動工作,又擔心打報告不能批準,就打定主意:"趕緊湊合著回收一陣子散攤算了。"

聽了小劉的"肺腑之談",鐵人針對他怕在回收隊學不到技術的想法,問小劉:"成立回收隊和搞好鬥、批、改有關係嗎?"

"有些關係,"小劉停了停,又不解地問道,"我不完全明白有多大的關係。"

鐵人說:"我想,成立回收隊就是同修正主義辦企業路線作鬥爭,就是批判'家大業大,浪費點沒啥'的錯誤思想,保持艱苦奮鬥的傳統。"

小劉微微點了點頭。

鐵人接著又問:"小劉,搞好鬥、批、改靠什麼?"

"靠黨和毛主席的領導唄!"小劉答道。

"對!搞回收就是聽黨聽毛主席的話,堅持毛主席的革命路線,落實'備戰、備荒、為人民'的戰略方針!"鐵人加重了語氣。

小劉越聽越振奮,越聽越親切,他覺得眼前的路突然變得寬闊了。

下午,鐵人和小劉一起來到中區機修站附近回收。在一個土坑裡,小劉發現了一堆廢鐵。

"咦,老鐵,這廢鐵是剛倒進坑裡的。"

鐵人走近一看,幾個廢鐵管頭還油膩膩的。他濃眉一豎,氣憤地說:"顯然是剛倒的。我看咱就在這裡搞一次現場大批判。"

"好!"小劉響亮地應了一聲。

鐵人找到了機修站的領導,組織大家在土坑前開批判會。他指著廢鐵問大家:"這堆廢鐵是自己長翅膀飛來的嗎?"

"不是!"

"對,是大叛徒劉少奇反革命修正主義路線的黑風刮到這裡來的。"鐵人提高了聲音說,"劉少奇鼓吹浪費點沒啥,就是要我們忘掉艱苦奮鬥,實現和平演變,我們答應不答應?"

"不答應!"

"打倒劉少奇!"

"批臭修正主義辦企業路線!"

"我接著批判!"一個小夥子激憤地喊了一聲,紅著臉走出人群。他揀了個鐵管頭握在手裡,沉痛地說:"這堆廢鐵是我倒的。"

"你為啥倒掉?"人群裡傳來追問聲。

"開始自己心想,咱們這麼大個國家,不少這一個、兩個鐵管頭。這會兒才認識到,我倒掉的不是幾個鐵管頭,而是倒掉了艱苦奮鬥的作風。它反映了我頭腦裡的'劉毒'沒有肅清……"

小夥子卷起袖管，說：“老鐵，這堆廢鐵我包下啦！”

“怎麼，你包下來了？”鐵人含笑著問了一句。

“我要做個節約箱，把廢料裝進去，需要時就用上！”

“好哇，小夥子。”鐵人興奮地在他肩上拍了一把，“這樣，廢料就有它使勁的地方啦。”鐵人領著鑽井工人搞回收的消息，很快傳到了戰區各個角落。各單位的業餘回收隊，如雨後春筍般地建立起來。

這天，大慶革委會組織各個指揮部的收舊利廢小分隊，前來回收隊參觀。

土坡上，矗立著一套修復好的井架，井架頂上“自力更生，艱苦奮鬥”八個金光閃閃的大字，在陽光下顯得格外醒目。在它的旁邊還排列著一台新修復的破碎機和用廢料製成的壓力機。鐵人正在給人們介紹回收隊的情況。

看著這一切，人們紛紛議論開了：

“這修復的不是幾台普通的機器，它是艱苦奮鬥精神的結晶！”

“咱們有鐵人這樣的好帶頭人，有艱苦奮鬥的革命精神，沿著黨和毛主席指引的革命道路，一定能越走越寬廣⋯⋯”

心中裝著“兩個大數”

在七十年代到來的前夕，鐵人在北京開會，他聽說我國又找到了一個新油田，興奮得幾夜沒合眼，恨不得立刻帶領隊伍去擺開新戰場。

他立即找到領導，瞭解新油田的情況。他聽到過去由於劉少奇及其同夥的干擾破壞，耽誤了新油田的開發，憤慨地說：“過去，帝、修、反攻擊我們是‘貧油國’，用‘洋油’刮我們的血汗，今天我國實現了石油自給，劉少奇一夥就懷恨在心，千方百計破壞新油田的開發,要我們再吃 '洋油' 苦,真是幹盡了壞事,我們石油工人就是豁出命來也要幹上去,把我們耽誤的時間搶回來!"

在長期的鬥爭實踐中,鐵人深深懂得發展石油工業對於鞏固國防,建設祖國,支援世界革命的重大意義。他的腦子裡深深地刻著兩個大數:中國七億人民和世界三十億人民。他身上帶著一個記載世界各國石油工業發展情況的小本子,經常分析世界革命形勢,自覺地給自己加壓力,勇敢地挑起了發展我國石油工業的重擔。

會議結束後,上級領導找到了他:"老王,這次新區會戰,從大慶抽調一批人員和物資,你看有困難嗎?"

"請領導放心,擔子越重越光榮,困難越大越有闖頭,有毛主席、黨中央英明領導,我們一定把建設大慶和開發新區兩副重擔一起挑起來!"鐵人回答得堅定有力。在他看來,為了快快發展我國的石油工業,就是千斤重擔,也要堅決挑起來。

早飯時,他吃了一個饅頭,喝了半碗粥就走了。大家看透了他的心思,回到宿舍就問他:"老鐵,你心裡又有了新的壓力?"

鐵人笑著回答說:"有壓力好,人要自覺往身上加壓力,打井泥漿泵裡沒有壓力就打不進去,人沒有壓力就會輕飄飄的。為了石油工業的更大躍進,我們有一百斤,二百斤的壓力不行,要有一千斤,兩千斤的壓力。"

開發新油田的消息傳到大慶,工人們欣喜異常。決心書、請戰書像雪片一樣飛到領導機關,大家紛紛要求到最艱苦的地方去,參加開發新油田的戰鬥!

鐵人回來後,立即召開了常委會,討論參加新區建設問題。會議還未開始,大家就議論開了:

"開發新油田是一項重要的戰略任務,我們一定要承擔起來!"

“這對於加強戰備和發展工業，都有重大意義，我們要積極支援……”

鐵人激動地說：“拿下大油田，是落實毛主席‘備戰、備荒、為人民’的偉大戰略方針，是關係到中國革命和支援世界革命的大事。會戰，就是同帝國主義、修正主義戰鬥，我們要拿精兵強將，把最好的隊伍開上去！”

當討論到人員調動和物資配備時，鐵人堅決地說：“我主張，給人，要給思想覺悟高的；給物，要給優質的；給設備，要給成套的。調出的隊伍，要開上去就能打，而且能夠打勝仗！”

但是也有少數同志有本位主義思想，覺得這個隊不能走，那件設備離不開。

鐵人嚴肅地提出了批評。他說：“毛主席在‘九大’號召我們，‘團結起來，爭取更大的勝利’，我們幹什麼工作，都要執行毛主席的革命路線。什麼你的我的，統統都是國家的，七億人民的。我們共產黨員，可不能搞那個本位主義。我們不能只看到自己的鼻子尖尖，要看到全中國，全世界……”

鐵人一席話，說得大家連連點頭。同志們敬佩地說：“老鐵看得就是比我們遠，思想境界就是比我們高！”

大慶火車站，像節日一樣，紅旗飄揚，鑼鼓喧天。大慶油田又一批優秀的工人，乘著時代的列車，奔赴新的戰鬥崗位。

這天，鐵人接到新區發來的一份電報，要大慶援助一輛正反滾筒車。鐵人立即來到了鑽井指揮部。

鑽井指揮部支左解放軍龔代表看完電報，滿口應承：“我們堅決支援！”

“老鐵，咱大慶就那麼一台滾筒車，現在正忙得不可開交……”一個幹部望著鐵人，有些為難。

龔代表堅定地說：“我們要爭挑重擔，把困難留給自己。這台滾筒車我們需要，新區更需要。我們沒有設備，就發揚人拉肩扛的精神，一定要把支援新區和發展大慶兩副擔子挑起來！"

鐵人說："對！我們有大慶會戰的光榮傳統，就是要搶挑重擔。"

滾筒車很快送到了新區。

這是一個星期天的中午，鐵人親自來到安裝大隊，和工人們一起研究改進工作的措施。安裝大隊宿舍裡，幾個工人正在下象棋。鐵人走近一看，只見工人老李和學徒工小王，正在進行著"激戰"，雙方都還有一車一馬，勢力也不差上下。

輪到老李走棋了。只聽他喊了一聲"將"，馬跳到了對方的"士角"，小王一看，老"帥"倒能歪出來，就是河岸中心的那個"車"，要被馬踩掉了。他懊喪地搖著頭，窘迫地笑了一聲，把手裡攢著的棋子往棋盤上一叩，說："輸了，輸了！"

"怎麼輸了，你還有那麼多子兒嘛！"有人在一旁說。

"大車沒了，那麼多子兒管什麼勁，肯定要輸。"說到這裡，小王停了停，又說了下去："這也跟咱們安裝大隊一樣，滾筒車沒了，還能爭上游？"

"能！"站在身後的鐵人，拍了小王一把，問道："我們沒有滾筒車，就不能把任務完成好？"

"能是能，就是太困難……"小王望瞭望鐵人，尷尬地回答說。

鐵人把手一揮，說："困難越大越有闖頭，我們過去用小米加步槍打敗了飛機加大炮的敵人，靠的就是對黨、對人民的赤膽忠心；大慶會戰開始，困難多大，但我們石油工人沿著毛主席指引的方向前進，終於戰勝了困難，拿下了大油田；今天我們要拿下更多的大油田，就要迎著困難上！"

"對，就是遇上天大困難，我們也要完成任務！"老李站起身來說。

鐵人又拿出從北京帶回的《小廠走在大路上》的小冊子，對大家說："人家過去只能做小零件的工廠，今天還造出了車床哩，我們雖然沒了滾筒車，也可以幹出有滾筒車的活！"

鐵人和工人們一起研究，採用手搖絞車和人工攀爬相結合的方法，代替滾筒車工作。這樣雖然遇到了不少困難，可大家卻是樂呵呵地說："爲了落實毛主席的戰略方針，爲了中國革命和世界革命，就是再苦再累，我們心裡也舒坦！"

隨著新油田開發工作的進展，鐵人又參加了在北京召開的第二次會議。這回，大慶油田擔負的任務比第一次更加繁重，支援新油田的人員和設備，比第一次還要多。

大慶油田成立了一個"支援新區會戰辦公室"。鐵人得知後，立即從北京打電話說："成立這個辦公室很好，但不能叫這個名字。參加會戰是我們的任務，不能講支援。對新區建設，我們要全力以赴。"

大慶革委會根據鐵人的意見，立即把這個辦公室改名爲"參加新區會戰辦公室"。常委會還決定派一個代表團去新區進行學習慰問，並且提出，由鐵人率領，去完成這個任務。鐵人接受了任務，立即就要出發。這時，他的胃病又發作了，他沒有吃一口飯，忍著劇烈的疼痛，趕回回收隊，找到張成志，交代他走後要做的工作。

張成志看見鐵人蒼白臉上的豆大汗珠，心裡像刀絞一樣難受，懇切地說："老鐵，你病很重，休息一兩天再去也不晚。"

鐵人笑了笑說："沒關係，老病了，出去跑跑就好了。"

在火車上，鐵人組織代表團的同志學習黨的"九大"檔，傳達中央首長指示。他問大家："在新油田會戰檔上，領導批示：越快越好。還在下面圈了幾圈，你們有文化的人明白，這是什麼意思？"

鐵人見大家沒有吭氣，又接著說："我沒文化，但我理解，就是要快！快！快！儘快拿下大油田！究竟要多快，我也找不出個話來說，大家談談嘛！"

大家紛紛議論著：

"會戰是和帝、修、反爭時間，搶速度，我們就是要快快把工作做在他們頭裡！"

"這是一場惡戰，就是要高速度、高水準……"

鐵人把拳頭在胸前一揮，精神振奮地說："六十年代大慶會戰我們說是個高速度高水準，現在是七十年代了，我看那個高速度高水準不行了，我想，要比那個高速度還要更高，比那個高水準更高！要打出七十年代的高速度，七十年代的高水準！"

剛下火車，一隊排著整齊隊伍的石油工人，急匆匆地從他們身邊擦了過去。有個幹部發現一個工人背包的小牌子上寫著"學習老英雄王鐵人，發揚大慶會戰傳統"的口號，就順手指給鐵人說："老鐵，你看那塊牌子。"

鐵人順著他指的方向看了看，語氣深重地說：

"我是個普通工人，沒啥本事，就是為國家打了幾口井。一切成績和榮譽，就是黨和人民的，我自己的小本本上只能記差距。"

新油田豐富的資源和沸騰景象，使鐵人和代表團的同志非常激動。他們一到新區，就深入到井隊、車間、工地學習，召開座談會，和老工人談心。鐵人虛心地聽取工人們提出的每條意見和建議，認真地把新區會戰工人艱苦奮鬥的事蹟記下來。當聽到六十多歲的解放軍老首長發高燒四十度，還和當年打仗一樣堅持在前線指揮，工人、貧下中農手推小車，肩挑行李，自帶工具，不講條件，不計報酬，像戰爭年代支援前線一樣來參加會戰的先進事蹟時，鐵人激動地說："群眾是真正的英雄，解放軍、工人、貧下中農這種行動，就是值得我們好好學習。"

這天，鐵人和大家去一個單位瞭解大慶參加會戰工作落實情況。大家正在熱烈地談著，突然看見走在前頭的鐵人彎下身子，掏出筆記本在寫什麼。走近一看，見他正在一筆一劃地抄著牆壁上的一條標語。

"老鐵，你這又是什麼新發現？"同行的老李在旁邊問道。

鐵人沒有立即回答。他抄完後站起身來問大家："現在工業戰線在開展學大慶活動，我們大慶怎麼辦？"

"向全國學習唄。"大家回答說。

"對！"鐵人指著牆上的那條標語，激動地說，"新區工人'天當房，地當床，馬列主義、毛澤東思想指方向'的革命精神和英雄氣概，值得我們好好學習。我們大慶雖然在六十年代做出了一點成績，但用七億和三十億的大秤稱一稱，還差得很遠。現在革命需要油，戰備需要油，人民需要油，我們國家就得要有十個八個大油田才行。我們要想辦法爭取用大鑽機一個月在地球上鑽它五個窟窿。我們會有那麼一天，打著打著，鑽頭咕咚一聲掉下去，掉到地下大油庫裡。……"

鐵人的話，說得大家的心裡都樂開了花。

突然，老李發現一張紙條從鐵人的筆記本裡掉了下來，他拿起一看，不覺"啊"了一聲。原來是在鐵人帶病出發前，大慶領導給他介紹了一個中醫，在紙條上寫好了姓名地址，要他路過時看一下病，可鐵人急於瞭解大慶參加新區建設的情況，早把求醫的事忘在腦後了，老李深情地望著鐵人，感動得一時不知說什麼是好，"老鐵，你……"

鐵人笑笑說："病就像彈簧一樣，你硬它就軟了。頂它一下就過去啦！"

鐵人從新油田慰問回來，立即組織第二批參加會戰的人員和物資上前線。

早晨，朝陽普照著油田。又一次列車要出發了，鐵人站在前往車站的汽車上，眺望著美麗的大慶油田。十年前，這裡還是頭上青天一頂，腳下荒原一片；如今啊，筆直的柏油馬路向遠方伸

展,遼闊的田野接著天邊,排列得井井有條的工人新村,傳來了
一陣陣響亮的歌聲,星羅棋佈的採油房,正在為祖國噴流著原
油……這一切就像一幅宏偉壯麗的圖畫,展現在鐵人面前。他想,
大慶會戰十年,每前進一步,都是毛主席革命路線的指引。有了
毛主席,有了毛主席的革命路線,才有今天的大慶油田。革命在
發展,人民在前進。波瀾壯闊的無產階級文化大革命,帶來了各
條戰線的大飛躍,石油工業也正在迅猛發展。鐵人想到這一切,
心情怎麼也不能平靜,彷彿感到自己年輕了好多,渾身增添了使
不完的力量。他心裡暗暗地說:"我這一輩子,就是要為國家辦
好一件事:快快發展我國的石油工業!"

車站上,大喇叭裡正在播送著一篇報導:

"老英雄王鐵人,胸中裝著全人類,心裡想著毛主席。他身
上有使不完的勁頭,手裡有做不完的工作,胸中有掀不完的波瀾,
腳下有攀不完的高峰,他時刻不忘革命的遠大目標,又扎扎實實
地從每項具體工作入手,做好每一件事情……"

鐵人邁著堅定的步子,踏上列車,去執行新的戰鬥任務。

"嗚 —— "一聲長鳴,列車徐徐駛出了大慶車站。

人們站在月臺上,久久地望著鐵人,望著遠去的列車。

鐵人的英雄形象和飛速前進的列車,永遠刻在人們的腦子
裡。

（選自《大慶人的故事》,上海人民出版社 1971 年 8 月版）

人民的好醫生李月華

《安徽日報》記者
安徽人民廣播電臺記者
新華社通訊員
新華社記者

一九七一年八月三十一日，遼闊的淮北平原，長空碧藍。安徽泗縣丁湖公社的社員們，一早就踏著露水下地了。

突然，縣醫院的一輛救護車從公路上穿過，直向丁湖醫院馳去。正在附近田裡幹活的社員們吃了一驚：「出了什麼事了？」他們放下鋤頭，也跟著跑去。

救護車停在丁湖醫院的門前，一個令人不安的消息，迅速傳開了：李月華醫生的病危險了。

臉色蒼白的李月華被抬上了救護車，送往縣醫院搶救。許多人跟著車子追了好遠一陣。人們焦慮不安地念叨著：「月華啊，你可得好好地回來呀！」……

「她做的好事俺們數不清」

李月華是位普通的鄉村醫生。她在泗縣工作已經有十多年了。

這些年來，李月華走村串戶為貧下中農防病治病，孩子們稱她「李姨」，年輕人喊她「二姐」，大爺大娘們，親切地叫她「閨女」。來找李月華看病的人，看著她那和藹可親的笑臉，殷勤體貼的細心勁，都覺得她是自己的親人。

那是一九六二年的冬天，李月華的男孩小冠軍剛滿三個月的時候，她去為鄰居趙二姐接生。產婦分娩很順利，剛生下的女孩小金葉非常可愛。當時，趙二姐丈夫不在家，沒人照應，李月華從自己家裡拿來米麵、紅糖、雞蛋，親自做好送到趙二姐床前。後來，趙二姐突然生了病，經過李月華細心治療和護理，病是好了，可奶水一滴也沒有了。小金葉銜著乳頭哇哇哭鬧，趙二姐急得直淌眼淚。李月華聽著小金葉的哭聲，揪心似地難受，她決定給小冠軍停乳餵粥，用自己的奶水哺育小金葉。從此以後，李月華每天按時給小金葉餵奶，夜裡只要聽見小金葉的哭聲，天氣再冷也要趕來。

一個風雪交加的深夜，李月華出診歸來，遠遠就聽到小冠軍和小金葉都在啼哭，趕緊加快了腳步。但是她沒有回家，而是去敲了趙二姐的門："二姐，開門呀！"趙二姐聽見李月華的聲音，一骨碌爬起來點上了燈。看到李月華背著藥箱子走進來，便激動地拉住李月華的手說："她李姨，你家小冠軍也在哭呢！"李月華笑著說："沒啥，有他姥姥哄著哩。"一邊說，一邊給小金葉餵奶。趙二姐望著漸漸入睡的小金葉，感動地伏在李月華的肩上哭了，淚水把李月華的衣裳潤濕了一大片。……

就這樣，多去春來，李月華整整給小金葉餵了六個月的奶，直到可以斷奶餵粥。

李月華一心想著貧下中農，她的家，也成了一個"家庭病室"。貧下中農到李月華的家裡看病，不論是一身汗水，還是兩腳泥巴，也不論是普通病，還是傳染病，李月華總是把他們讓到自己的床上檢查治療，甚至還做些小手術。有時候，醫院裡的病床住滿了，李月華就把需要住院治療的病人接到自己家裡，騰出一張床給病人住。這幾年，先後在這張家庭病床上住過的病人，往少裡說也有一百五十人。李月華家的煤爐子，白天黑夜都不滅，那是李月華為病人準備著的茶水爐子。遠路來的病人，就在這個爐子上烤饃做飯。李月華對貧下中農是這樣關心體貼，難怪人們說，李醫生給俺看病，"藥方沒開俺的病就好三分"！

李月華的家裡養了一條小黃狗。說起這條小黃狗，還有一段來歷：

一個夏末的深夜，大雨下個不停，李月華查完病房回到家裡。緊張工作一天，躺下就睡著了。忽然，一陣急促的敲門聲把她驚醒了，開門一看，北頭生產隊的葉大娘正站在雨中，全身上下都濕透了。李月華趕緊把葉大娘讓進屋裡，原來是她兒子王春得了急病，肚子疼得在床上直打滾。當李月華知道葉大娘已經敲過兩次門，在雨地裡等了好長時間，心裡很不安。她背起藥箱，來到葉大娘家。檢查結果，王春得的是"膽道蛔蟲"。

李月華給他打了針，吃了藥，王春漸漸好些了。李月華坐在床前一邊觀察病情，一邊在想：如果王春得了更緊急的病，我醒得晚了，不是很危險嗎？怎樣才能不耽誤時間呢？想著想著，葉大娘家的公雞喔喔報曉了，李月華心裡一亮：雞能叫明，狗叫不是也能給人個信號嗎？回去以後，她就買了一條小黃狗。從此，只要有生人走進院子，小黃狗汪汪一叫，李月華的屋裡就點起了燈。

李月華的宿舍就在醫院的院子裡。一天深夜，東風大隊小彭生產隊彭興漢的小孩得了急病，抬到醫院。軟床子剛擱下，李月華已站在他們面前，來人都很驚奇："她李姨，你怎麼知道俺們來的？"李月華指著身邊的小黃狗，笑笑說："是它給我報的信。"

李月華為病人想得就是這樣周到，這樣細緻。正像七十二歲的貧農周廷俊說的："俺們心裡剛剛想到的，月華就為俺辦到了；俺們心裡沒有想到的，月華也為俺辦到了。她做的好事，就像天上的星星，俺們天天都看到，可是俺們數不清啊！"

"做醫生就要學習白求恩！"

　　李月華出生在江蘇省宿遷縣一個貧苦的農村醫生的家庭。一家人隨著父親漂泊行醫難以糊口，李月華飽一餐餓一頓地度過十個春秋。苦難的童年，把李月華和千千萬萬貧下中農連結在一起，使她從小就懂得愛什麼，恨什麼，也使她從小就看到，貧下中農多麼需要自己的醫生來為他們解除病痛。十六歲那年，李月華就走上了醫療衛生工作的崗位，在毛澤東思想的哺育下，她迅速成長起來。毛主席的光輝著作，是她愛讀的書；毛主席提倡的為人民"救死扶傷"，是她行動的指南；毛主席號召學習的白求恩同志，更是她心目中的光輝榜樣。

　　多少次她讀著《紀念白求恩》，認真地領會著毛主席的這段教導："白求恩同志毫不利己專門利人的精神，表現在他對工作的極端的負責任，對同志對人民的極端的熱忱。"她到處搜集白求恩的故事、圖片。她常說："做醫生就要學習白求恩！"

　　一天深夜，李月華給一個難產的婦女接生回來，一進屋就低頭坐在床沿上，紅腫的眼睛裡凝著淚花。她丈夫趙斌問她出了什麼事。李月華難過地說："我守了三天三夜……大人保住了，可是，孩子……沒了。"過了一會兒，她抬起頭來認真地說："老趙，我過去認為，學習白求恩只要把一顆赤誠的心交給人民就行了，現在才知道，要把革命工作搞好，還應當像白求恩那樣對技術精益求精，不斷提高為人民服務的本領。"

　　從這件事情以後，李月華深深地感到自己的醫療技術水準遠遠不能適應人民群眾的需要。她多麼渴望一個學習的機會啊！

　　黨瞭解李月華的心思。一九六五年八月，組織上推薦她到宿縣專區醫院進修。

　　李月華廢寢忘食地學習起來。領導上讓她進修的是外科與婦科，但是她除此以外，還利用一切空餘時間，學內科、兒科，後來又擴大到牙科、眼科、骨科。她不懂就問，不會就學，恨不得把各方面的醫療技術統統學會。有人說：“你這也學、那也學，不就成‘萬金油’了嗎？”李月華認真地說：“農村缺醫少藥，貧下中農需要我們成爲一個多面手。如果這叫‘萬金油’，我甘心情願做這樣的‘萬金油’。”

爲了掌握多方面的醫療技術，李月華不知花了多少心血。就拿外科手術的打結來說，開始的時候，李月華每分鐘只能打一兩個結。她到處尋找結紮用的廢線，用鎖扣、床架、板凳腿……練習打結。一天晚上，已經是半夜十二點鐘了，李月華還在宿舍裡練習打結。一位值班的醫生走到她身邊，發現她每分鐘能打五六個結了，高興地說：“你進步得真快啊！”李月華想了想說：“光著手打結，與做手術時戴著手套打結不同。現在能打五六個，戴手套就打不了那麼多了，我還得練。”

一年零兩個月很快就過去了。對李月華來說，這是一段多麼寶貴的時間啊！她沒有辜負黨的期望，學習歸來，她的醫療技術水準有了很大的提高，已經是一個會看婦科、兒科、內科、外科常見病，能做二十多種大小手術的醫生了。

離職的進修結束了，她在工作中的學習又開始了。爲了學習中醫的理論知識和臨床經驗，她把辦公桌搬到一位老中醫的對面，隨時請教；爲了掌握針灸穴位，她不知在自己身上紮了多少針；爲了尋找一個民間引產秘方，她三次訪問一位貧農老大娘；爲了學習化驗，她把化驗員李守信的有關書籍全部看完……

在這短短的幾年裡，李月華不僅反覆閱讀了《毛澤東選集》一至四卷，寫下了不少政治理論學習筆記，而且也讀了二十多種中西醫學理論書籍，寫了六七萬字的業務學習筆記。

“是革命的本錢，就要捨得花在革命上”

在專區醫院進修以後不久，李月華被調到泗縣草溝醫院。這時，無產階級文化大革命的烈火正旺。

李月華心裡也有一團火。她要把在專區醫院學到的技術，全部獻給貧下中農。她要用自己的革命實際行動，去批判劉少奇一夥的修正主義路線。她像一部開足的馬達，日日夜夜不知疲倦地工作著。不論是上班，還是在家，病家一叫就出診，病人一到就看病。正在吃飯時，把碗一推就去；正在餵奶時，把孩子一放就走。她夜間很少睡過安穩覺，有時一夜出診四五次。

那是一九六七年的中秋節，李月華家裡做的節日飯菜，涼了又熱，熱了又涼，還不見李月華回來。

她是頭天晚上深夜出診的，黎明才回來。剛剛疲倦地躺在床上，就聽見有人來找趙斌，低聲地告訴說：稻王大隊貧農社員王翠俠難產，小孩一天多沒生下來，現在抬到了醫院，由於出血過多，昏迷不醒……李月華聽到外面的低聲細語，立即披衣起床。她看見趙斌關切的神色，便笑著說：“我去看看。我不累，不要緊的。”說著，就匆匆走出門去。

經過檢查，產婦是橫位難產。李月華迅速地給王翠俠做好麻醉，施行內倒轉手術，矯正胎位。就這樣，一直忙到下午三點，孩子才生下來。但是，大人、孩子都沒氣了。李月華趕忙搶救大人，大人醒過來，她又把嬰兒嘴裡的羊水吸出來，口對口地進行人工呼吸，嬰兒也終於得救了。

李月華從深夜出診起，到這時已經連續忙碌了十五個小時。她兩頓飯沒有吃，低血糖病又發作了，滿臉汗珠往下直流，一下就癱倒在地上。……

李月華有多少個節日是這樣度過的？貧下中農說：俺們說不全；李月華有多少次像這樣帶病工作？她家裡的人說：俺們記不清。

貧下中農看到她日夜工作，眼睛陷下去了，他們多麼心疼！有人對她說：“你再不注意休息，俺們以後不找你看病了！”李月華笑著說：“過去白求恩同志哪裡槍聲急、傷患多，他就去哪裡。比起白求恩，我差得遠哩！”有人勸她說：“身體可是革命的本錢呀！”李月華說：“對呀！是革命的本錢，就要捨得花在革命上！”

一九六九年一月，李月華生下了最小的女孩冠英。直到臨產的前兩天，她還在工作；產後第二天，她又坐在床上給人看病。

就在生下小冠英第五天的深夜，外面下著鵝毛大雪。李月華坐在床上看書，直到十一點多才睡下。朦朧中她彷彿覺得有人踏雪走到門外。“是不是有急診？”她立即起身點燈，問道：“誰呀？”外面一位老大娘顫抖的聲音回答說：“月華，俺外孫子沒氣了。”“我就來！”

大門一開，一陣寒風吹進片片雪花。李月華認出是草溝大隊西南生產隊的蔣大娘，趕緊讓她進屋坐下。老大娘不肯坐，慌亂地敍述著她外孫的病情。

李月華穿上套鞋，背上藥箱，拉著蔣大娘就走，並催著說：“快！快！”可是走不多遠，

陣風傳來小冠英的哭聲。蔣大娘一把抱住李月華：“唉呀，俺想起來了，俺外孫子比你家冠英還大十天，你才是月子裡第五天，怎麼能在大雪天出來呢？都怪俺急糊塗了。快回去吧！俺找別的醫生去。”一邊說，一邊把李月華往回推。李月華趕忙說：“大娘，不要緊，快走吧！”說罷，頭也不回地趕到了蔣大娘的前面。

來到蔣大娘家，只見孩子渾身青紫，眼睛緊閉，呼吸微弱。她問了一下情況，斷定是孩子媽媽睡覺不慎，把孩子捂得窒息了。她立即進行人工呼吸，過了半個鐘頭，孩子才“哇”地一聲哭了出來。李月華又給孩子打了針，孩子漸漸安睡。這時，已經是深夜兩點多鐘了。

李月華走了以後，蔣大娘母女倆激動得淚流不止。大娘對閨

女說："俺孩子金貴，人家孩子不金貴嗎？你是月子裡十五天，月華月子裡才五天哪！可是人家沒聽到一個'請'字就來了。閨女，你一輩子都要記住，毛主席教育出來的李醫生，是你做人的榜樣。"

母女倆說到天濛濛亮，才漸漸睡著。這時，門外又響起了李月華親切的聲音："大娘，孩子好了嗎？"蔣大娘趕忙開門，只見外面雪花還在飄著，李月華深夜前來的兩行腳印還沒有蓋滿，一條新的腳印又通到她家的門前。她拉著李月華的手說："好閨女，叫俺怎麼感謝你啊！"

"把自己的一切獻給人類的壯麗事業"

一九七一年四月，李月華夫婦調到了丁湖醫院。

八月中旬，李月華向丁湖公社黨委交了入黨申請書。這天晚上，她異常興奮，對黨無限熱愛的激情，在她心中翻騰。她在日記裡寫道：

"我雖然還不是個共產黨員，但是我要以共產黨員的標準來要求自己。……我願把自己的一切，獻給人類的壯麗事業，為共產主義奮鬥終生。"

八月二十七日，她忽然病倒了。

八月三十日是李月華連續高燒的第三天。

這天上午，貧農社員李文用拖車拉著他的愛人，來找李月華看病。一見李月華病倒在床上，就說："李醫生，你休息吧。俺們等幾天再來找你看。"李月華說："有病哪能等啊！"她讓愛人趙斌攙扶著，走到拖車前，仔細地給病人作了檢查，開了處方。李文夫婦走後不久，李月華的體溫又上升到攝氏四十一度，昏昏沉沉地躺在床上。

晚上十點多鐘，產婦鄧彩霞生下嬰兒兩個小時以後胎盤還沒有下來，大量的出血引起虛脫，被送進丁湖醫院來了。鄭海泉醫生為產婦進行子宮按摩，不見效果。產婦的丈夫丁持東焦急地問："是不是去請李醫生？"鄭醫生為難地說："看來要做胎盤剝離手術，我們醫院也只有李醫生能做。可是，她高燒三天了，上午還休克一次，我⋯⋯"

時間在飛逝。產婦的病情越來越危急。丁持東忍不住了，悄悄來到李月華家。看著李月華仍在昏睡中，他把要說的話又咽了回去。這時剛剛清醒些的李月華覺著來了人，輕聲問道："誰呀？""李醫生，俺孩子娘快沒命了！⋯⋯"丁持東說著忍不住哭出聲來。

李月華強撐著要起床，可是一陣眩暈，又倒了下去⋯⋯"老趙，快扶我起來，救病人要緊！"李月華的聲音十分微弱，但語調是那麼剛毅堅定。趙斌把她從床上扶起來，同丁持東一左一右攙著她走出門外。

淮北平原上的初秋深夜，大地沉寂，清風涼爽。持續高燒四十一度的李月華，被涼風一吹，"哇"的一聲吐了。從宿舍到門診室只不過二十來米，可是，李月華接連嘔吐了三次。看著這情景，丁持東激動地說："李醫生，你回去吧！"李月華艱難地走著，輕輕地搖搖頭。她以頑強的毅力走完了那二十米 —— 這是不能用普通尺子衡量的二十米，這是她生命途中光輝的二十米！

李月華終於跨進了門診室。她臉色蒼白，上氣不接下氣地坐在椅子上，一面聽鄭醫生敍述病情和搶救的經過，一面讓他給自己帶好手套。李月華吃力地站了起來，顫顫巍巍地走到病床邊。趙斌扶著她，鄭醫生為她舉著煤油燈，李月華傾注全部精力，為這個貧農女社員開始了胎盤剝離手術。

手術在緊張地進行。李月華的兩腿漸漸支援不住了，幾乎全靠在趙斌的身上。汗水沿著她的髮梢往下流，全身都濕透了。每做一個手術動作，每堅持一分鐘，李月華要凝聚多麼巨大的精神力量,戰勝多麼巨大的病痛啊!

手術終於結束了。

人們把李月華扶到椅子上,她長長地吁了一口氣,微弱的聲音斷斷續續:"胎盤……完整……嗎?"鄭醫生立即做了檢查,告訴她胎盤完整。這時,李月華的臉上微微露出了寬慰的笑容。

李月華喘息了片刻,向趙斌要過聽診器,讓他扶著又爲產婦做了一次檢查。"心音很好。"說罷,便昏倒在床邊。

"李醫生!""李醫生!"……

李月華甦醒過來了。大家勸她立即回去休息,她搖搖頭說:"等一等,我再觀察一下。"鄭海泉熱淚滾滾,激動地說:"李醫生,你回去吧。把這個任務交給我!"

李月華回到了宿舍,可她的心還在產婦身上。她對守護在床前的趙斌斷斷續續地說:"要給病人……打一個星期的……青黴素,服一個……星期的……長效磺胺,防止……感染。"

趙斌再也忍不住了,淚水奪眶而下,他一把攥住李月華的手:"月華,你放心吧,我們會辦的。"

三十一日凌晨,李月華正躺在床上輸鹽水,鄭醫生來看望她,她不安地說:"這兩天我生病,你們辛苦了。等我燒退了,就去接你的班。"李月華,這個黨的好女兒,人民的好醫生,在她生命垂危的時刻,還是這樣滿腔熱忱地想著工作,想著同志們。誰料到這幾句話竟是她最後的遺言!

半個多小時以後,李月華的病情急劇惡化。尼克剎米注射了。無效!山梗菜城注射了。無效!腎上腺素注射了。無效!強烈針劑、物理降溫都做過了,李月華仍在昏迷中……

李月華病情危急的消息,迅速傳開了。正在開公社黨委會的同志們停止了會議,正在上課的師生們走出了教室,正在田頭的社員放下了鋤頭……人們懷著焦灼的心情紛紛跑來探望。

上午十點,泗縣縣醫院的一輛救護車,載著垂危的李月華,載著丁湖人民的焦慮和期望，疾馳而去。

　　縣醫院立即組織搶救，但已經遲了。根據診斷，李月華患的是腦型瘧疾。由於在持續高燒中勞累過度，出汗太多，搶救無效，下午三時四十五分，李月華同志光榮殉職，年紀只有三十三歲。

激勵千萬人前進

　　下午，不幸的消息傳到丁湖公社，許多人痛哭失聲。李月華救活的那位產婦鄧彩霞，一聽到這消息，受到極大的震動，她泣不成聲地說：「李醫生，李醫生！你最後一口氣也用來救俺了，你這樣好的人怎麼能死呢！」這一天，丁湖大隊三百五十多戶，多少人家晚飯涼了沒人吃一口，多少人家屋裡傳出了哭泣聲。噩耗傳到了草溝公社，傳到了曹場公社⋯⋯人們想起李月華背著藥箱，風裡來雨裡去，為貧下中農日夜奔波的往事，輾轉不能入睡。

　　丁湖公社召開了追悼李月華同志大會，許多貧下中農自動地來了，草溝公社的貧下中農佃從二十里外趕來。追悼會開始的時候，已經到了兩千多人，人們還在陸續不斷地趕來。

　　夜已很深，草溝鎮的一間草屋裡，仍然亮著燈。參加追悼會回來的貧農張成坤，撫摸著兩個被李月華救活的小孫子，想著李醫生，止不住淚水縱橫。一天清晨，這位七十二歲的老人又默默地來到李月華的墓地。他圍著墳墓走了一圈又一圈，抓起一把墳土，看了又看，攥了又攥，把它緊緊地貼在心窩上：「月華，好閨女，俺和俺的全家永遠忘不了你，俺的兩個小孫子長大後，一定讓他們像你一樣⋯⋯」

　　李月華同志去世以後，她父母原來想把她的遺體運回原籍安葬。可是，丁湖人民懇求兩位老人：「李醫生是為俺丁湖貧下中農累死的，還是把她葬在丁湖吧！讓她永遠和我們在一起，讓她全心全意為人民服務的精神，永遠教育著俺們的下一代！」李月華的墳墓,現在在丁湖公社村東口的高地上。來這裡致哀的人,從她去世以後,一個多月裡一直絡繹不絕。

中國共產黨宿縣地區委員會根據李月華同志生前的申請,追認她為中國共產黨黨員。中共安徽省委號召全省廣大黨員、幹部和群眾向李月華同志學習。李月華的光輝事蹟,越過淮河,跨過長江,傳遍了整個安徽。廣大群眾讚揚她,說她是社會主義時代英雄譜上又一個高尚的人。她短短的一生,是全心全意把健康和幸福送給階級弟兄的一生;她走過的道路,是共產主義戰士所走的道路,正像魯迅所說的:是"將血一滴一滴地滴過去,以飼別人,雖自覺漸漸瘦弱,也以為快活"的道路。她"毫不利己專門利人"的偉大共產主義精神,將永遠激勵著千千萬萬人,在繼續革命的大道上奮勇前進。

(原載《人民日報》1972 年 12 月 19 日)

老紅軍團長方和明的新故事

洪　藝

"那條路走不得"

故事發生在一九六一年的深秋。

一天夜晚，紅軍老團長方和明，從外地作報告回家，路過王錫九村前的小山崗。忽然，聽見山崗上發出"呼哧呼哧"的牛喘氣聲。老方轉彎朝山上走去，只見一個黑影彎著腰，揚著牛鞭，正向牛的身上打去。痛得那牛腰一弓，使勁地走出幾步，喘氣聲更大了。他正想走過去看個清楚，不料腳被什麼絆了一下。老方低頭一看，原來是一堆小松樹，他彎下腰，拾起兩棵，看著長得粗壯嫩綠的小松樹，已有一人高了，感到非常痛惜。老方想：這些松樹是人民公社成立時下的種，翌年栽下的，才剛滿三年，就被人挖掉了，這完全是在挖社會主義的牆腳。"是哪個？"他想到這裡有點氣憤了。那個開荒的人，聽見有人問，喘著粗氣回答道："是，是我哇。"老方提著兩棵小松樹，走過去一看，是王德貴。便說："是你呀，德貴。哪個叫你把這些樹挖掉了？哪個叫你開這塊地？你看，牛累成了什麼樣子！""啊，是方團長呀。不是說要每戶辦千斤糧，百棵瓜嘛！""這話是哪個說的？"老方追問了一句。"是……"王德貴把話說到嘴邊又咽下去了。"趕快停下來！"王德貴只好卸下牛，馱起犁，悶悶不樂地走了。老方望著手中的小松樹，看著王德貴開的這塊荒地，想著"每戶要辦千斤糧、百棵瓜"的話,他意識到,這裡面有著尖銳複雜的階級鬥爭。他想:社會主義道路是毛主席指引的,辦人民公社是毛主席號召的。怎麼現在又有人在講什麼"土地下放,包產到戶",這不是叫搞單幹嗎?這不是拆人民公社的台嗎?不管這股風是從哪裡刮來的,我們非頂住它不可!老團長想著想著,決定走訪貧下中農,聽聽他們的意見。

老方離開小山崗,來到王錫九村,連夜走訪了好幾戶貧下中農,瞭解到不少新情況。原來王德貴是受了富農分子陳文齋的煽動,前兩天陳文齋對他說:"德貴老弟,聽說上邊有了新章程,叫土地下放,包產到戶,還說每戶要辦千斤糧,百棵瓜,你有的是力氣,怎麼不些荒地,把生活改善改善……"就這樣,王德貴像得了"聖旨",拼命地幹起來……

"土地下放"這股風,老方當然也聽到了。但是他想:這不符合毛主席一貫的教導,屬於毛主席的革命路線。富農分子陳文齋對它這麼熱衷,富裕中農也那麼擁護,我們就要特別警惕了。

最後,他來到老貧農方樹林的門外,聽見方樹林像演講似的,高聲大嗓地說:"要是方團長在家,他是不會同意擴大自留地的。方團長自從轉業回家以來,想到的總是如何帶領我們走社會主義道路。……"樹林正要講下去,"吱扭"一聲,門被人推開了。人們調頭一看,見是方團長,都感到非常高興,連忙讓坐。方樹林拿過一張靠背椅,請方和明同志坐下。"是開會嗎?"方和明同志問。"不是,近來有些人大講什麼'開籠放雀'搞單幹,這些年輕人都不知道單幹的味道,想講給他們聽聽。你來得正好,還是你說說吧,你說話道理多些。"老方沒有推辭,給大家講了這樣一個故事:

"那是一九五四年春天,鄉長在全鄉的群眾大會上傳達了上級的檔,號召大家建立農業生產合作社,走集體化的道路。許多貧下中農聽了,覺得黨說出了自己的心裡話,紛紛報名,要求參加。可是富裕中農王德貴卻在一旁吞冷笑，小聲地說：「哼，合作化，土地歸公，自古以來沒見過。」會後，我看見了他，連忙打招呼：「老王，入社嗎？」王德貴先是一愣，後來又裝著關心的樣子說：「我說老方啊！你放著老革命的福不享，來操這份心，何苦哩！……」王德貴當然有他的想法：「就憑你那十幾戶缺牛少犁的窮社員，能鬧出個啥名堂。我家的勞力強，農具耕牛齊全，田地好，水源足，入了社只有自己吃虧的。我們騎驢看唱本一走著瞧吧！」我當時想：「王德貴是團結的物件，我們應該多多對他進行教育。」但是每次找到他，他總是先一個勁地搖頭，末了還說：「鴨多不下蛋，人多不洗碗。」我見他執意不肯，就說：「好吧，你現在不願意入社，我們也不勉強。今後有困難，合作社還是可以幫忙的。」說來也巧，那年遇到了大旱，合作社人多心齊，大家整天在田間車水。六部水車把河裡的清水車進高坎田裡，螃上田的禾苗越長越旺。雖然，王德貴暗暗地在自己田裡使勁，但總還是經不起大旱，顧了這塊，顧不了那塊。結果，他累倒了。後來他拄著拐棍到田裡一看，合作社裡的稻穀金燦燦，沉甸甸；而自己田裡的莊稼，稀稀拉拉，硬像是荒坡上的狗尾巴草。在這樣的情況下，王德貴才認輸，向合作社遞上了申請書。」

　　講完故事，方團長說：「這就是王德貴鬧單幹的一段真實故事。現在又有人鼓吹『三自一包』，這就是要把農村引上資本主義的邪路，讓我們吃二遍苦，受二遍罪。我們可千萬不能上當啊！」青年們聽了老方的講話，議論紛紛，有的說：「單幹好比獨木橋。」有的說：「我們不能那樣幹！」「對！」方和明的話打斷了大家的議論，「我們不能搞單幹，而富農分子陳文齋卻在下邊煽動別人毀林開荒。」老方拿過他帶來的兩棵小樹，接著說，「看，這就是他的罪證。」一聽說是陳文齋搗亂，青年們都氣憤極了。方樹林說：「陳文齋這夥人就是想再重新騎在我們貧下中農的頭上，作威作福。解放前，我弟兄三人，就是因為一次旱災，一次水災，兩年顆粒無收，欠下了他家的閻王賬。爲了還債，賣出了家裡僅有的四鬥田，他還說沒有還清，又逼著我的兩個哥哥去他家打長工抵債。兩個哥哥，在他家吃的豬狗食，幹的牛馬活，不久就離開了人間……""馬上批鬥陳文齋！"青年人個個義憤塡膺，怒不可遏。方團長大聲地說：""開籠放雀'搞單幹是資本主義的歪風，是條死路，那條路走不得。陳文齋是要批鬥，大家再把材料準備一下，黨支部還要詳細研究一下。"方和明囑咐了幾句就走了。青年們以敬佩的目光送著這位曾經跟隨毛主席，爬雪山，過草地，轉戰南北，出生人死，立過功，負過傷的紅軍老團長，回味著"那條路走不得"的深刻含義。

這個大隊在方和明的帶領下，經過鬥爭，終於頂住了這股妖風。後來人們才知道，這股妖風是從大叛徒劉少奇那裡吹來的。

在抗旱的日子裡

一九七二年盛夏，已經有百多天沒有下過透雨。柳林公社五大隊黨支部，爲搬河水抗大旱，發動群眾苦戰三天三夜，搶修了一條十里長渠。

通水那天，方和明同志吃罷午飯，就把袖口一卷，褲腿一紮，順手拿起鐵鍬就走。他老伴從桌上端起一杯藥，說："老方，看你身上曬起了泡，兩眼熬落了蛸還不歇歇，病了連藥不吃？"方團長笑著說："抗旱如救火，護渠如護倉，點把病還能躺得住！"老伴急了，一把著說："哎！百忙也得喝了藥走！""好！"方團長怕誤時間，接過藥來，一飲而盡。然後，頭也不回地向管道走去。

老話說："炎夏三伏，曬破馬骨。"確實不假。午後的天氣，烈日當空，烤得石子冒綠焰，灼得身上火辣辣。儘管熱得吐不過氣來，方團長還是堅持帶病巡渠。只見他，一會兒摸進衝田，築到加缺；一會兒站在渠裡，鏟土堵漏。當他沿著棋盤山渠穿出樹林、拐過山咀時，一陣“突突突”的抽水機聲傳來。他噓了一口氣，用手抹了抹額頭上的汗水放眼看去，映入眼簾的是：機聲響處，綠水翻波。一股清泉，順著人們的意願，通過十裡長渠，照直流入山前山后的“試驗衝”、“豐產螃”和公路兩旁的大寨田。片片揚花吐穗的稻子，大旱不見旱，都長得青蔥茂密，豐收在望。方團長高興地自言自語說：“真是人民公社力量大，機械化的好處多呀！”

“是啊！要不是大水庫，盤山渠和抽水機，山崗塝的田，早幹得寸草不結籽啦！”迎面走來的生產隊長羅厚志，贊同地接過了方團長的話。

“哎，老羅！還有兩個小夥子哩？”

“那不是！”老羅伸手一指。

方團長朝他手指的方向看去，見兩個小青年，滿身泥漿滿頭汗，正在忙忙碌碌地給溢水的渠埂填土、搬石頭。他想：這夥青年人真是好樣的。平時，哪裡艱苦哪裡闖，重活、累活搶著幹；這些日子，為修渠抗旱，接連熬幾個通宵，虎勁總是使不完；眼下烈日像盆火，他們頂著護渠不肯下陣，連午飯也沒顧得去吃。老方想到這裡便對生產隊長說：“老羅，你們確實辛苦，快回去吃了飯，歇一會兒，護渠的任務，暫時交給我。”說著，馬上趕攏去幫兩個青年給溢水的管道埂填起土來。

生產隊長老羅，看著這位打過仗、負過傷、立過功，處處體貼群眾，惟獨不顧自己的紅軍老團長，頓時，關於他忘我戰鬥的許多事蹟，一下子出現在眼前：修李家窪水庫，天寒地凍，他百把斤的擔子不離肩，一條苦楝樹扁擔給壓斷了；在藥家畈抗洪，頂著瓢潑大雨築堤壩，冷水泡得左腿傷口發痛還不肯下陣；現在，群眾都在收工休息，他卻不顧病弱的身體，反要頂替我們，這怎麼行呢？想到這裡，老羅激動地說：“老方啊老方，你是一大把年紀的病人哪！怎經得住折騰！還是回去休息吧。"兩個青年也說："還是老團長回去休息吧！"

方團長見他們不肯回去，便說："看！前面那段管道不牢，你們不休息算啦！回去吃了飯，每人帶兩捆草來，以防萬一，行吧？"

"行！"羅隊長這才同意離開管道。

大約過了一個鐘頭，方團長獨自一人巡渠來到了黃土窪。當他爬上山坡時，不禁吃了一驚：呀！花生地裡是哪來的水？他像偵察兵一樣，四處巡查，終於發現這水是從渠埂的漏眼裡流出來的。他鏟來草皮和泥土，一個勁的往裡塞。但這個漏眼又大又長，加之，基腳都是黃土夾沙，經水一泡，很難堵住。於是，他揀了石頭，壓住草皮，一起塞進去。誰知，這邊堵那邊冒，堵住一個洞，又衝開另一個洞。方團長正準備去扯一抱花生禾來堵，誰知，他剛走開，"嘩啦"一聲，潰口泄開丈把遠。

這時，老羅他們挑著稻草剛好趕到。方團長上前接過一捆草，奮不顧身跳進渠裡，連人和草一下撲在潰口上。隊長和兩個青年，被方團長的精神所感動，也一個個跟著向潰口撲了過去……

經過一場緊張戰鬥，潰口堵牢了，管道保住了。然而，這位一心撲在集體上的老團長卻在抗旱護渠的日子裡病倒了。村裡群眾紛紛前去探望；幾個青年爭著去請醫生。可方團長總是說："不要緊，過兩天會好的。"縣委知道了，從縣裡派來醫生給他治病。一位探望他的老貧農十分激動地說："老方對集體，對革命，真是操碎了心，出盡了力啊！"

一袋花生

方團長剛從縣裡開完會回來，一進門，發現家裡有一袋花生。他連忙問老伴："這花生是哪裡來的？"

"財經隊長送來的，他說是隊裡給的，我還沒問清楚，他放下就跑。"

方團長想：既然是隊裡分的，爲什麼又不說清楚呢？這裡面可能有文章，一定要問個一清二楚才行，反正這花生不能糊裡糊塗地收下。他打聽了一下隔壁兩三家社員，都沒有分花生。再打聽幾個人，才知道事情的來龍去脈。

原來這一天，一小隊的男女社員挑著滿擔花生去糧管所交售，已來回好幾趟了。休息的時候，大家七嘴八舌地議論著隊裡今年大豐收的事。說到豐收，大家都不約而同地想到老團長方和明。這個說："我們隊裡的沖沖畈畈都留下了方團長的腳印，蚯蚯塊塊灑滿了方團長的汗水。人說鋼硬，我們方團長比鋼還硬，插早稻、二季稻，他帶病挑秧，送茶送水不知累，有兩次昏倒在田邊還不休息。他真是我們的好帶頭人啊！"那個說："他爲隊上的事簡直把心都操碎了。這花生從選種到播種，從鋤草到收穫，他流了多少汗哪！"這時，一個大嗓門的小夥子站起來神秘地說："哎，四屋窪要修水庫，方團長要帶頭搬家，聽說很快就要走。我看這花生除交國家外還有剩餘，我建議把花生送一點給他，表表我們的心意，看大家說行不？"大家一致說這個建議提得好！就這樣一袋花生由財經隊長送到方團長家裡了。

方團長瞭解這些情況後，心裡想：大家送花生給我，表明了群眾對自己愛護和關心，這種深情厚意是值得感謝的。但是自己作爲一個共產黨員，革命幹部，在艱苦奮鬥，勤儉辦社上應當帶頭幹，在階級鬥爭、生產鬥爭、科學實驗上應當帶頭衝，但在物質享受上，可不能有半點特殊啊！毛主席歷來告誡我們緊密地聯繫人民群眾保持艱苦奮鬥作風，自己如果接受了這袋花生不就顯得與眾不同了嗎？他越想越覺得不對勁，打定主意要在晚上的群眾大會上向大家做些解釋說服工作。

晚上，群眾到齊了，方團長先傳達了縣委批林整風的會議精神，然後給大家講了一個長征路上的故事：

　　"在爬雪山的時候，我們一方面要與敵人戰鬥，另一方面要與饑寒作鬥爭。一連走了幾天都沒見一戶人家，同志們的乾糧都吃完了，怎麼辦？向雪山要糧！大家扒開幾尺厚的冰雪，挖草根充饑。後來草根也挖不到了，又餓又凍，許多同志病倒了，我們的連長也病得很厲害。同志們想到連長一路上背的東西最多，而吃的最少，他總是自己背地裡吃野菜，把乾糧留下讓戰士們和病號吃，每次作戰他總是衝鋒在前。現在他餓病了，我們心裡多難過啊，一定要想辦法弄點東西給他吃。於是，同志們一商量，都把自己的乾糧袋翻轉來一抖，一共抖出不到一碗乾糧，炊事員便每餐弄一點煮成稀糊糊讓他吃。但我們的連長說什麼也不願吃，他說：'還是讓同志們吃吧，我的病比他們輕，當幹部可不能比戰士高一等呀。'同志們聽後都感動得掉下了眼淚。……

　　"現在，在黨和毛主席的領導下，我們都過上了好日子，我們的幹部更應保持艱苦奮鬥的工作作風。吃苦在別人前頭，享受在別人後頭，要隨時隨地防止資產階級思想的侵襲！……"

　　方團長正講得起勁，門"吱呀"一聲開了，進來了方團長的孫女國慶。國慶手中提著一個鼓鼓囊囊的口袋。大家回味著方團長講的故事，再看看眼前的情景，心裡已明白了，敬佩的目光一齊向方團長投去。

　　隊長雙手接過國慶手中的一袋花生，想到方團長平時對自己的教育，十分激動地說："方團長，這袋花生我們要好好保留下來，作爲路線教育的好教材。請你放心，我們一定記住你的話，當幹部不能有半點特殊！"

　　從此，一小隊保管室的屋樑上就多了這袋有特殊意義的花生。春播時，有人說要將這花生播到地裡，隊長說："不，應該讓他播在我們的心田裡！"

雪裡送柴

地上的雪已有一尺多厚了，天上還在搓棉扯絮般地下著。這天一清早，方團長挑著一擔柴艱難地向前走著。北風裹著雪花，劈頭蓋腦地向他撲去，他全不介意。走到山口子時，一陣旋風襲來，柴擔子在肩上直晃蕩。他左手拄著拐棍，右手死死地抓住衝擔，不料腳底一滑，身不由己地向前滑出老遠，柴擔子甩在後邊了。他一骨碌爬進來，拍打了身上的雪花，挑起柴繼續前進。送柴給誰呢？

原來近兩天下了大雪，方團長想：毛主席說："一切群眾的實際生活問題，都是我們應當注意的問題"，我們當幹部的，要時刻把群眾的生活問題記在心上。於是，在他的建議下，大隊黨支部召開了緊急會議，決定分片走訪困難戶，方團長提出自己走訪北片。

他把手巾攔腰一纏，腳穿一雙套鞋，頂風冒雪出了門。初下的雪花，一到地上就成了水，山路上滿是泥濘，行走十分艱難。但方團長一心想的是：陳大爹家裡的水挑了沒有？張二奶的米軋了沒有？……想著想著，他步子越邁越大。

方團長每到一家，從屋外看到屋裡，樓上看到樓下，米缸看到水缸，當他最後到王道衡家時，已是點燈時候了。

"方團長，天氣這樣冷，這麼晚了，你還在外面跑，快來暖和暖和。" 王道衡的老伴張大娘連忙遞過烘爐，又轉身去泡茶。

"老嫂子，道衡哥呢？" 方團長親切地問。

"他到政治夜校講課去了唄。"

"大雪天，家裡有什麼困難嗎？" 方團長放下烘爐一邊"檢查"，一邊問。

"方團長，隊裡照顧得幾周到哇，吃的喝的穿的都不缺呀。"

張大娘感激地說。

方團長仔細一查看，發現道衡家裡的柴只剩一擔了。他想起前幾次來都碰到道衡老兩口燒熱水喂牛，頓時心裡一熱，這個舊社會打了半輩子長工的老貧農，對集體是何等的熱愛呀，大雪天，只這一擔柴怎麼夠呢？對！一定要想辦法給他解決困難！

方團長回到家裡，便和老伴商量著給道衡家送柴的事，他老伴滿口答應，但想到大雪天，路不好走，老方身體不好，又有點擔心。方團長看透了老伴的心事，便寬慰地說："你放心，我這把老骨頭還很硬朗，這點困難比起二萬五千里長征算麼事？"老伴知道方團長做事是說一不二的，便立即到樓上甩下一擔最幹的棍子柴，作好明早送柴的準備。……

再說方團長挑起這擔柴，翻山過坳，好容易到了王道衡的家。王道衡一大早挑著牛糞準備送到糞窖裡去，一出門正遇上送柴來的方團長，只見他滿頭大汗，衣服淩得硬梆梆的。此時，道衡喉嚨裡像被一個硬東西塞住了，兩行熱淚順著臉頰往下流，急忙放下箢箕，接過柴擔，拉著方團長就往家走。

張大娘看到老伴挑了一擔柴進來，一下子愣住了，仔細一看，後面跟著方團長，一切都明白了。她想到：方團長這大年紀，每次來不是挑水，就是軋米，現在這大的雪又送來柴火，真是我們的好書記呀！剎時，覺得一股暖流流遍了全身。

方團長接過張大娘泡的茶，和王道衡對面坐下。

"方團長，在舊社會，我們這些窮骨頭就是餓死、凍死，又有誰來望一眼？"辛酸的往事一下湧上道衡心頭：

解放前，有一年冬天，由於還不起地主的閻王債，只有拖兒帶女去討飯。風吹大雪降，張大娘病的死去活來，走不動了，一家大小只好偎在野外的一個破窯裡。一連幾天沒吃東西了，剛滿周歲的兒子活活餓死在娘懷裡。為給張大娘治病，沒辦法又忍痛賣掉了四歲的女兒。那時有冤到哪裡去伸，有苦到哪裡去訴哇。……

　　想到這裡，道衡猛一抬頭，看到了毛主席的畫像，感激的話兒不知從何說起。

　　"方團長，吃水不忘掘井人，幸福不忘毛主席，我真是日不睡，夜不眠，用盡最後一份力也報答不了黨和毛主席的恩情！"

　　方團長激動地說："是啊，我們這同吃一山野菜熬過來的人，是要時刻不忘黨的恩情，步步不離毛主席的革命路線哪！"

　　謝絕了道衡老兩口的再三挽留，方團長又踏上了歸途。老兩口站在村頭，臉上掛滿感激的淚花，久久地凝視著方團長留下的兩行深深的腳印……

演兵場上的銅鑼手

　　太陽快落山了。柳林公社五大隊的社員正在田野裡進行緊張的勞動。忽然，"鐺！鐺！鐺！"一陣急促的鑼聲從棋盤山傳來，剎時，男女民兵有的肩挎鋼槍，有的身背大刀，有的手持長矛，一齊向棋盤山奔去。

　　這是大隊民兵連為了落實"十大"精神而佈置的一場軍事演習，那敲鑼的就是這場演習的指揮員、紅軍老團長方和明。

　　民兵們準時地到達了集合地點，只見方團長紅光滿面，精神抖擻，迅速地將隊伍整理好。"報告，一排到齊！""二排到齊！""三排差一名！"

　　"誰？"

　　"王小樂。"

　　"什麼原因？"

　　"不清楚。"

　　正在這時，方團長看見王小樂滿不在乎地向這兒走來："報告！"

"小樂,爲什麼現在才到?"三排長問。

"演習嘛,又不是打仗,何必搞得那麼認真?"

方團長看在眼裡,揮手叫小樂"入列",立即下達了演習命令:"現在,我主力部隊正攻佔七裡坪,上級命令我們民兵連在半點鐘以內抄小路佔領四號山頭,阻擊北面增援的敵軍!"

"保證完成任務!"這聲音震得棋盤山發抖。餘音未落,銅鑼敲響,民兵們奮不顧身地向四號山頭衝去……

方團長不減當年勇,手提銅鑼,身背長槍,跨溝跳澗,最先到達山頂,俯瞰山下,細心地觀察民兵們的士氣和動作。二十五分鐘過去了,同志們先後到達目的地,惟獨王小樂掉在後面,提著長矛,要緊不慢地往上爬。這時,方團長像喝了一碗辣椒湯,臉上通紅,又急又氣:這個毛孩子,生在新社會,長在紅旗下,泡在蜜罐裡,階級鬥爭觀念淡薄,戰備觀念不強,這樣下去還了得嗎?方團長覺得老一輩有責任對他們進行教育,使他們永遠握緊手中槍,爲革命生命不息,衝鋒不止,想到這裡,高聲說道:

"集合!"很快,民兵站好五列橫隊。

"原地坐下!"陣地上鴉雀無聲,坐得整整齊齊的。

方團長先總結了這次演習的經驗教訓,然後鏗鏘有力地說:"'十大'號召我們,'務必加強反侵略戰爭的準備','英雄的人民解放軍和廣大民兵要隨時準備殲滅入侵之敵'。我們一定要落實'十大'精神,苦練殺敵本領,鑼聲就是命令,演兵場就是戰場。可是,有個別同志把演習不當一回事兒,鬆鬆垮垮這是不行的。"說著,他舉起手中亮錚錚的銅鑼,一席話把大家帶到了戰火紛飛的嚴峻歲月。

在土地革命時期,國民黨反動派把紅安這個革命根據地視爲眼中釘,肉中刺,經常偷偷摸摸的來進行"圍剿"和"掃蕩",紅安人民爲保衛紅色政權,消滅白匪,成立了自己的武裝。當時,銅鑼就是號角,大家把它的音響規定爲各種信號,柳林鄉的瞭望哨就設在這棋盤山上，一遇敵情，棋盤山上銅鑼一響，男的打仗，女的送飯，打退了一次又一次敵人的進攻，但也有麻痹大意的深刻教訓：

有一天下午，白狗子一個營，開始對柳林鄉進行"掃蕩"，這時，銅鑼手把銅鑼一敲，柳林鄉人民一齊出動，直打得白狗子棄甲丟盔，抱頭鼠竄。這天晚上，月色朦朧，柳林鄉沉浸在勝利後的歡樂之中。但小樂的爺爺想到敵人還沒有徹底消滅，說不定晚上還會乘人不備，來個偷襲。想到這裡，他急忙提起銅鑼，背著鳥銃，大步流星地出了門。剛走到棋盤山山腰，只聽山下悉悉率率響聲由遠而近，定睛一看，不好！果然黑壓壓的一群白匪向村子撲來。情況緊急，他舉起銅鑼就敲，就在鑼響的同時，敵人的槍響了，小樂的爺爺胸部連中兩彈，他咬著牙，背靠著一棵大松樹，用最後的力量敲著銅鑼。殷紅的鮮血染紅了山岩，染紅了銅鑼，他如一株勁松挺立在棋盤山的山岩上！這時幸虧柳林鄉的人們昕到了鑼聲，迅速拿起武器，經過浴血奮戰才打敗了敵人的進攻，戰爭雖然勝利了，但給人們留下了深刻的教訓。

方團長越講越激動，嗓子也有點沙啞了，民兵們一個個牙齒咬得"格嘣"響，王小樂想到爺爺的慘死，對比自己今天的行動，更是慚愧萬分，眼淚奪眶而出。

"發揚光榮革命傳統！""提高革命警惕！"陣地上頓時響起激昂的口號聲。

停了片刻，方團長繼續說："在革命戰爭年代不能麻痹，在現在國內外形勢一片大好的情況下同樣不能放鬆警惕。特別是帝國主義、社會帝國主義時刻想吃掉中國這塊'肥肉'，所以我們時刻要警惕他們的突然襲擊，要一直警惕到徹底消滅帝、修、反，實現共產主義為止！"

話音剛落，王小樂再也坐不住了，他驀地站起來，激動地說："方團長，同志們，從今後，我決心踏著先烈的足跡,不鬆手中槍!"方團長聽著,滿意地點著頭。

"起立!"方團長發出了新的命令,"現在,為了掩護我主力部隊迅速通過五號山頭前的開闊地,上級命令我們立即炸掉五號山頭的碉堡!"

"我去!""我去!""我去!"同志們紛紛起來請戰,王小樂更是一蹦老高地喊起來。

"好,王小樂,鄭三毛去!"

"堅決完成任務!"

"鐺!鐺!鐺!——"銅鑼敲響了,王小樂抱起"炸藥包",像離弦的箭一樣,向前猛衝,演兵場上的銅鑼手——方和明同志,看著這情景,飽經風霜的臉上泛起了笑容。

(原載《湖北文藝》1974 年第 1 期)

決裂舊觀念的闖將

—— 柴春澤的故事

王　棟　李書一　焦延芳

歡樂的那什罕草原，迎來一九七三年的秋天。

紅太陽在青松山上仰起笑臉，白紗般的晨霧，給巍峨的紅山披上輕妝。肥壯的牛羊，在草灘上歡跳。金色的莊稼，散發著沁人肺腑的芳香。馬達隆隆，紅色的鐵牛在田野上奔跑。歌聲陣陣，各族社員高舉"農業學大寨"的紅旗，揮舞銀鐮，戰鬥在金色的田野上……

"啊，多好的天氣，多麼喜人的景色！"伴隨著這激情的自語聲，玉田皋大隊前邊的公路上，走來一位肩扛鐵揪的小夥子。

這小夥子，二十來歲，中等身材，健壯灑脫，端正的長方臉，紅光閃閃，濃眉下一雙大眼，閃動著堅毅勇敢的光輝。他，就是下鄉知識青年柴春澤同志。

望著眼前這片燦爛秋色，想著自己和廣大貧下中農一起，戰勝旱災，奪取豐收的戰鬥歷程，小夥子激動得全身熱血沸騰，喃喃自語："玉田皋啊玉田皋，真是個好地方！我們要讓你快馬加鞭，早日變成大寨……"

"春澤快接，家書一封。"

一個喜悅的語調，打斷小柴快樂的暢想，隨聲望去，一個夥伴蹦蹦跳跳地朝他跑來，喜眉笑眼地說："看你臉如彩霞高照，走路兩腳生風。這回啊，你父親準有好事告你。"

柴春澤笑著問:"你又兜圈子,什麼好事啊?"

"你瞧吧。"夥伴掏出一封信,笑眯眯地遞過來。

柴春澤接信在手,只見信封上寫道:"柴春澤兒親收"。

"啊!父親來的!"春澤樂得心中直打顫兒,他好長時間沒有收到父親的來信了,也不知家裡的情況。他急急忙忙把信打開,只見上面寫道:

春澤:

當前有一件事和你談一下。你要有個準備,不過現在還不需和別人講,即上級有指示,在煤礦工作的同志,其子女礦上用人時優先採用。現在礦上準備要補充人員,這次有可能將你抽回來(這次要男的,不要女的)。據此,如果定了,我通知你時,要無奈件地執行,如果公社等部門徵求你的意見時,也得聽盟煤炭局和我的意見。對這個問題不準有其他的想法,必須回來(機會難得呀)。

爸爸

一九七三年八月二日

"啊……"小柴濃眉緊皺,兩眼盯著信,心裡卷起暴風驟雨。他陷入深沉的思索之中,以至於夥伴什麼時間從他身邊走開都不知道,這整天的勞動是怎樣度過的,也說不清楚……

夜,涼風習習的秋夜。勞動了一天的夥伴們都甜蜜地酣睡著,秋風搖動著窗外的小樹,發出颯颯的聲音。春澤披件青棉襖,坐在青年點宿舍自製的小桌旁,盯著油燈下的信紙,全神貫注地沉思、凝想。秋風啊,你安靜一點,別大聲吵鬧,你可知道小柴在想什麼嗎?是在想他下鄉兩年多走過的道路,是在想怎樣回答父親向他提出的嚴肅問題……

征 途

無產階級文化大革命中,紅衛兵運動如波濤洶湧的江河,奔騰向前。

在赤峰市中學聯合舉辦的批判資產階級反動路線的大會上，學習毛主席著作的積極分子柴春澤，第一個衝上講臺，手指一個頑固堅持修正主義教育路線的走資派的鼻子，憤怒控訴修正主義教育路線的罪行。接著，又把幾個用"三黃四舊"毒害青少年的牛鬼蛇神，揪到臺上，鬥得這些傢伙威風掃地，狼狽不堪。同學們稱讚小柴是個"闖將"，推選他當赤峰市紅代會副主任，兼任赤峰六中紅衛兵團團長。小柴沒有辜負同學們的信賴，高舉對反動派造反有理的大旗，和同學們一起，積極捍衛毛主席的革命路線，不斷向修正主義路線衝殺。

中學畢業，柴春澤帶頭貼出第一張大字報，要求上山下鄉，接受貧下中農的再教育。看！那大字報開頭的四句誓言多麼雄壯：廣闊天地是戰場，共產主義是理想，紮根農村幹革命，誓把一生獻給黨！

一石激起千層浪。赤峰六中就像一鍋開水，沸騰起來了。高音喇叭播送著小柴的大字報，牆上貼滿紅彤彤的大字報，支持他的革命行動。那紅火熱鬧的情景，正像小柴在日記裡頌揚的那樣："震撼世界的偉大的紅衛兵運動，在我國青年運動史上譜寫了雄偉壯麗的新篇章。知識青年上山下鄉是偉大紅衛兵運動的繼續和發展。在毛主席革命路線指引下，滾滾向前的知識青年上山下鄉的洪流，必然猶如奔騰的長江水，衝破上流峽谷而展現為浩瀚的江面一樣，徹底摧毀舊世界留下來的陳腐觀念的阻攔，奔向共產主義這一最崇高的理想。"

在小柴的帶動下，同學們都投入這一洪流，一群群圍著他歡欣跳躍："春澤，你這個頭兒帶的好，我們跟你一塊走！"

但也有的同學勸他："你是咱紅衛兵的頭行人，紅代會的工作又離不開你，你就別張羅下去了！"

小柴濃眉一揚，眼裡閃著剛毅的神采，說："那不行！正因為我是頭兒，才更應該帶頭響應毛主席的號召。別忘了：咱們紅衛兵是從破四舊、立四新起家，殺上戰鬥疆場的，上山下鄉是破除舊觀念的革命行動，咱們得帶頭！"

有個鄰居也勸他："春澤，你父親是個老黨員、老幹部，就是下去，也讓你父親給活動活動，到近一點兒好一點兒的地方去。"

小柴斬釘截鐵地說："那不行！躺在父母功勞薄上過日子，那是舊觀念，我們要遵照毛主席的教導，哪裡困難哪安家！"

結果，小柴選擇了征途遠、風沙大，生活艱苦的翁牛特旗玉田皋大隊。到玉田皋，他又選擇了最艱苦的第五生產隊。

乍來到這裡的情景，多使人激動啊！春澤和夥伴們親眼看到，貧下中農對待革命青年，就像對待剛出土的嫩苗那樣喜愛。公社院裡，鑼鼓喧天，人山人海，各族社員像迎接親人似的，趕著車，牽著馬，拉著駱駝，大清早冒著寒風，等著接知識青年。他們一個個攢住青年們的手，熱情地說："可把你們盼來了！有社會主義覺悟、有文化的青年來參加農村建設，咱玉田皋學大寨的步子就會邁得更快了！"

這情景，使柴春澤永遠不能忘記。夜裡，他和同學們坐在貧下中農給騰出來的熱炕上，打開日記，激動地記下當時的心情，記下了自己踏上新征途的決心：

一九七一年十二月二十二日

今天是多麼不平凡的日子啊！毛主席關於知識青年到農村去接受貧下中農再教育的偉大指示發表正好三周年，我和我的戰友，登上奔赴我們嚮往已久的新家鄉 —— 翁牛特旗玉田皋公社安家落戶……

從此，我離開了學校，來到了新課堂。學生時代過去了……從今日起，我就要和我最好的老師 —— 貧下中農生活在一起，戰鬥在一起，勞動在一起。從環境上看，農村比城市是苦些，煤油燈代替了電燈，但我的心更明，眼更亮了；離家鄉遠了，離父母遠了，但離毛主席革命路線更近了。我將在農村三大革命實踐中貢獻我的一份力量。

　……

　新生活開始了，新的考驗也在新的征途上迎接著我們的革命小將。

　為了早日把玉田皋變成大寨式的先進單位，公社決定，動員全社蒙、漢族人民，在那什罕沙漠的南邊，修一條二十多華里的"團結渠"，把肥油油的老哈河水引上來，澆灌黃沙彌漫的玉田皋平川，使這個歷來乾旱成災的地方，長起茂盛的莊稼，蔥蘢的樹木，肥嫩的牧草；抗住惡風，鎖住沙龍，戰勝乾旱。窮沙灘將要變成山清水秀、五業並興的綠洲，將要變成對中國革命和世界革命做出更大貢獻的地方。

　激奮人心的規劃，得到男女社員的熱烈回應。柴春澤和夥伴們，積極參加了修渠戰鬥。

　大自然好像有意要考驗一下這群新來的青年人，狂風卷起黃沙，遮天蓋地，鬧得凶極了！頭一天，第二天，小柴都咬牙頂住了！可是到了第三天，手上被磨起了血泡，一攥鍬把，針紮似地疼，也覺得困難真不小。但是，當他一想到毛主席"艱苦奮鬥"的教導，再回頭看看身旁的貧下中農揮鍬舞鎬，頂風揚沙的革命鬥志，身上立刻充滿新的力量，心中暗暗鼓勵自己："我是革命青年，貧下中農能做到的，我也要做到！衝上去！"

　臉被狂風吹黑了，手上的血泡被磨破了，變成了硬繭，可是全身的力氣更足了。貧下中農誇讚"小柴成了棒小夥兒。"不久，他就擔任了青年點的"點長"，並被貧下中農推選為公社"五·七"領導小組成員。

頂"風"

一天上午，小柴在公社開完會，囫圇半片地吞下兩碗早飯，抄起鐵鍬，大步匆匆奔向團結渠工地，耳旁突然傳來喊聲：

"春澤，大事不好了！"

小柴隨聲望去，只見一個青年夥伴迎面跑來。看那忙忙匆匆的樣子，是出了不幸的事情。

柴春澤心中不由一怔，忙問："咋回事兒？"

"你去看看就知道啦……"夥伴痛心地說著，拉上春澤就往團結渠工地上跑。跑到工地一看，柴春澤明白了：夜裡一場大風，把他們挖了幾天的管道，全刮平了。幾天的勞動白乾了，幾天的汗水白流了，黃色的細沙，又回到原處，閃著亮光，好像有意在挑戰："喂，小夥子們，我們已經在這裡住了幾千年了，想讓我們挪窩，可不大容易嘍！"

夥伴們望著黃沙，又氣憤，又焦急，都圍著春澤，不住地問："怎麼辦？"一個夥伴有點心灰氣短地說："咳！怪不得有人說，沙灘就這個德性，既挖不成渠，也打不成井，咱們再別費這帽頭子勁了……"

柴春澤濃眉一抖，刷地一聲，把鐵鍬插進沙地，說："這是舊皇曆。我們誓為全球紅遍而奮戰，難道小小風沙能擋住前進的腳步嗎？幹，風沙填一尺，我們挖一丈，看誰戰勝誰！我們不但要在沙地上修渠，以後還要在沙地上打井哩！"柴春澤說著，早已脫掉棉襖，吹吹手心，揮舞起鐵鍬。夥伴們見他這樣堅定，又抄起鐵鍬，投入戰鬥。

靠近沙漠地方的天氣，就像調皮孩子的臉，說變就變。晴朗的天空，出現幾塊兔子毛雲，眨眼間，白紗般的晨霧不見了，老哈河畔騰起黃塵，從那什罕沙漠裡卷起的旋風，就像一群瘋駱駝，吼叫著，迎面衝來。

　　狂風怒吼，黃沙瀰漫。在這樣的天氣裡戰風沙，實在是難上加難啊！站不住腳，睜不開眼，細沙打在臉上，火辣辣地疼，身上出汗，細沙塵土鑽進衣領，更是一種說不出的滋味。幹活格外費勁，一鍬沙子扔出去，立刻刮回半鍬，有時一股旋窩風，把整鍬沙子全刮回來，揚在身上，打在臉上，幹活太不得手腳了。有個夥伴悄悄問春澤說：“風沙這麼大，咱們還幹嗎？”

　　“幹，爲改變玉田皋的面貌，咱們就得像這裡的蒙漢族人民群眾那樣，敢牽風沙的鼻子，讓風沙乖乖聽咱們的！”

　　春澤正和夥伴們頂風勞動，一個叫王忠的知識青年把柴春澤叫到一邊，悄悄地說：“有件事跟你商量商量……”

　　柴春澤叫他把話說完，驚訝的問道：“怎麼，你也要轉點？！”

　　王忠喀喀牙花子，長出一口氣，挺爲難地說：“幾個同學都轉點了，家裡聽說了，也來信讓我轉點，春澤，你說我……怎麼回答這封家信呢？”

　　這些天，不知從哪裡吹來股“轉點風”，青年點個別夥伴心有點“長草”了，想通過親戚朋友活動活動，離開這風沙大，環境艱苦的玉田皋，到條件好一些的社隊去。但春澤沒有料到王忠也要“轉點”。

　　王忠是個革命熱情很高的青年，紅衛兵時期，和春澤一起，造修正主義路線的反；從赤峰來到玉田皋，又一直是春澤的好幫手，在夥伴裡很有威信，他如果轉點，肯定會給其他同學帶來不良影響。

　　柴春澤濃眉緊皺，心潮翻滾。這些天他聽到的幾種論調，又在耳邊響起來：

　　“咱這雁不落的窮地方，小青年們沒個站住，早晚都得轉走！”

有個思想守舊，人稱"二諸葛"的老頭，搖頭晃腦地說："聖人雲：父母在，不遠遊。小青年們真傻，不在父母跟前行孝享福，生跟柴春澤跑這兒來受顛險，唉……"

一個壞傢伙躲在背後吹邪風："人家柴春澤好辦，實在撐不住了，父親一個電話就回去了……"

一想起這些，柴春澤氣就不打一處來。他把手往王忠肩上一拍，毅然地說："頂住這股'風'！毛主席培養的革命青年，志在千里，不能當多去春來的燕子，要當頂風冒雪的雄鷹。正因為這裡環境艱苦，才需要我們來建設它，改造它；正因為我們翅膀不硬，才需要在風沙中磨煉。遇到困難就轉走，我們對得起毛主席嗎？對得起為解放這片土地而拋頭顱灑熱血的革命先烈嗎？"他拉著王忠，召集夥伴，坐在沙坑裡，針對社會上刮來的"轉點風"，帶頭重溫老黨員、老貧農向大家講過的玉田皋的革命鬥爭史。

解放前，這一帶流傳著一句民謠："紅山腳下有三惡 —— 王爺、風沙、老哈河"。那時候，蒙族裡的王爺和漢族中的地主惡霸狼狽為奸，互相勾結效忠日寇，壓榨蒙漢各族勞動人民。統治這裡的王爺，是個殘暴有名的魔王，每天不見奴隸流淚不吃飯，不見奴隸流血不睡覺。他引狼入室，讓日本鬼子在這裡修築什麼"戰略山洞"。有個叫浩斯巴依爾的奴隸，聯合漢族階級兄弟，為保衛這片土地不受日本帝國主義蹂躪，和王爺進行多次鬥爭，被王爺抓住，以"不馴服的奴隸"為罪名，要處以最殘忍的"天燈"之刑。

在一個滴水成冰的雪天，浩斯巴依爾全身被纏上棉花，燒上汽油，正要點'天燈'的時候，蒙、漢族人民聯合起來，劫了"法場"，救出了浩斯巴依爾。

後來，毛主席領導的八路軍來到這裡，趕走了日本強盜，解放了這塊土地。接著，又領導群眾進行了偉大的土改、牧改運動，打倒了地主、牧主，推翻了封建王公的反動統治。不料，國民黨土匪頭子韓桑傑對我進行反攻倒算，襲擊包圍了旗政府。解放軍戰士王貴同志為了突圍送信，不幸身中敵人子彈。犧牲前，烈士還向戰友們高呼：「同志們，要用鮮血堅守這塊陣地……」

柴春澤抹了把掛在臉上的黃沙，向夥伴們說：「我們的革命先輩，為了保衛玉田皋大地，不怕流血犧牲；為了建設玉田皋大地，艱苦奮鬥。眼下，正當我們和各族人民在一起，要徹底改變玉田皋大地面貌的時候，我們是像先烈們那樣勇敢前進，還是畏縮後退？！」

大家異口同聲地回答：「前進！」

「對！我們在困難面前，就要頂逆流前進，絕不逃避困難當逃兵！」柴春澤把鐵鍬往高一舉，領著大夥宣誓似地喊：「為改變玉田皋的面貌，我們要下定決心，不怕犧牲，排除萬難，去爭取勝利！」

這鋼鐵般的聲音，壓住了狂風的怒吼，震得紅山發出回聲。

正當柴春澤領著夥伴們，狠頂「轉點風」的時候，他突然收到父親一封來信。小柴接信在手，心裡非常高興。眼下，正當自己和夥伴們遇到阻力的時候，父親的來信一定是一陣助戰的鑼鼓，大鼓鬥志啊。小柴激動得心裡熱乎乎的，手都有點不好使了，急急忙忙把信打開，看了幾句，心，一下子涼了，濃眉毛皺起個大疙瘩。原來不是助戰鼓，而是洩氣號啊。父親也是動員他轉點，到離家近的赤峰縣農村落戶，說那裡條件好，廠礦多，抽調當工人、幹部的機會多。

看著父親的信，小柴心裡就像風天的湖面，卷起層層波瀾。小柴想不通啊！為什麼有些人，包括自己的父親，總想讓自己的子女離開艱苦的環境，生活得更舒服一些？這是真愛他們，還是害他們？這是無產階級思想，還是劉少奇、林彪「下鄉鍍金」、「變相勞改」等謬論的流毒？在知識青年上山下鄉這個問題上，兩個階級、兩條路線、兩種世界觀表現得多麼尖銳啊！剝削階級的"官貴民賤"的傳統觀念就像一座無形的牆擋住人們的眼睛，也擋住了父親的眼睛。勇於反潮流的小柴激動地抄起筆來，懷著衝破一切舊傳統觀念的豪情壯志，給父親覆了一封信："……爸爸，我是響應毛主席的號召來到農村的，您是一位具有二十七年黨齡的共產黨員，我建議你考慮一下您的意見是否符合黨的利益。"信中再次發出誓言，要像根深葉茂的紅柳一樣在玉田皋紮根，和廣大貧下中農一起，爲建設社會主義新農村、新牧區，甘心情願在這兒當一一輩子農民！

大隊黨支部書記趙清志聽說小柴正確處理了父親的來信，撫著他的肩膀，熱情地說："春澤啊，你做的對，黨支部支持你！"

青年點的夥伴們知道小柴正確處理了父親的來信，一個個握著他的手，說："春澤啊，你給我們做出了榜樣，往後不管遇到什麼風浪，我們也要頂，堅決在玉田皋紮根！"

柴春澤拿過一把叫做固沙楊的樹苗，領著自己的夥伴，把樹苗插入一排排新挖的沙坑，說："咱們要像固沙楊一樣在沙漠裡紮根！生枝！成材！"

家 訪

在我們革命隊伍裡，每個人都有一個幸福的家。可是，用什麼觀點看這個"家"？又以什麼態度對待這個"家"呢？家庭是社會的一個細胞，社會上的階級鬥爭不可避免地要反映到家庭中來，孔孟之道的反動影響也不可避免地要把家庭做爲它的最後陣地。

知識青年上山下鄉既然是一場深刻的社會革命，意識形態領域裡的階級鬥爭，就要在家庭中引起波瀾。鬥爭集中表現在，是支持子女上山下鄉，還是通過"走後門"扯後腿的辦法阻止子女上山下鄉。孔老二說"父母在，不遠遊"，林彪則誣衊知識青年上山下鄉是"變相勞改"。對這些反動的說教和惡毒的誣衊，柴春澤的回答是："革命青年志在千里，四海為家，要在大風大浪中'遠遊'，要在廣闊天地裡高飛，難道家庭小小的門檻能阻擋我們前進的雄偉步伐嗎！"他常用這樣豪邁的語言激勵自己，也激勵戰友。他給自己訂了一個制度：每次回赤峰開會，第一件事就是走訪戰友們的家長。他把這叫做"佔領家庭陣地，擴大戰果，拉長戰線"！有一次，他回城十二天竟走訪了五十八家，向家長們彙報戰友們在農村三大革命鬥爭中的成長情況，家長們高興地說："孩子，玉田皋那地方不平常啊！不少先烈犧牲在那裡，你們要建設好烈士用鮮血換來的這塊土地，別辜負了先烈的希望，貧下中農的心啊，這樣做了，就是不回來看家，我們也高興！"

由於忙於到夥伴家訪問，小柴六過家門而不入。媽媽想急了，讓別的同學轉告他："你問春澤，他還有沒有家？"

媽媽的話傳進柴春澤耳朵裡，小柴閃動著明亮的大眼，憨厚地笑笑，告訴捎話的夥伴："你再去轉告我媽，就說我有'家'，不過，這個'家'很大，十幾名夥伴一個鍋裡掄杓子，不，比這還大，這個家有七億人口。"

是啊，小柴心裡的"家"就是青年點，就是玉田皋，就是整個社會主義祖國。

小柴不想家嗎？想。他的家庭曾留給他多少親切而美好的記憶啊！

父親給了他最初的階級教育和革命傳統教育。他把自己的經歷講給春澤聽，講共產黨怎樣救了他一家和千千萬萬勞苦大眾……

母親，是他認識生活的意義的第一個教師。母親的親切的笑容，老是在腦裡浮現。一年一度的除夕之夜，牆上印著母親忙碌的身影，融融的爐火使家庭充滿溫暖，滿屋飄散著誘人的肉香。

每逢節日,媽媽總愛問"這幸福溫暖是誰給的?"當春澤和他的弟弟妹妹回答"是毛主席給的!"媽媽便微笑著點一點頭,把鞭炮平均分給春澤他們。春澤便領著弟弟、妹妹他們跑到當院去放鞭炮……

但是,今天世界上還有多少受苦受難的階級弟兄啊!他一想到這兒,對家中親人的思念,就化作了革命的激情,戰鬥的行動了。

有一次,媽媽聽說春澤回來了,但又沒進家,就讓春澤的小妹妹站在大門口盯著,媽媽趕忙燉了一鍋肉,等春澤回來吃。等啊等,從清晨一直等到半頭晌,小妹妹突然從外面跑進來,著急地喊:"媽媽,哥哥回來了!"媽媽趕忙騎上自行車去追,好不容易才追上。只見春澤身上背著大包小裹的東西,正往同學家裡送。見了母親,抱歉地笑笑,說:"媽呀,每次回來,都想回去看看你和爸爸,可是時間總不夠用。今天還有十幾家沒去走訪呢!"當他發現母親推的自行車,濃眉一揚,笑了,說:"媽呀,正好,快把自行車給我,有了車子,這十幾個同學家都能跑完!"說著,接過車子一溜風似地不見了。

媽媽望著春澤的背影喃喃自語著,"這孩子成長真快,像個大人啦!"

母親回去還是等著,一直等到第二天早晨,一位同學把車子送回來了。那位同學告訴春澤母親:昨天晚上,小柴找了十幾名即將畢業下鄉的同學,擴大上山下鄉的戰果,沒顧上回家,今天大清早又上汽車回了玉田皋。只好托他把車子送回來!

什麼叫"擴大上山下鄉的戰果"呢?細一問,母親才知道。原來,有些同學快要畢業,小柴就抓緊時機,和他們一起學習馬列主義和毛主席著作,共同批判妨礙上山下鄉的舊思想、舊觀念,提高同學對上山下鄉偉大意義的認識,在思想上提前做好上山下鄉的準備。一旦畢業,就積極奔赴農村、牧區。

　　母親聽了，心裡熱乎乎的，她爲孩子的不斷成長而高興。她心裡默默地說：「難怪他經常叨念《共產黨宣言》中的兩個『決裂』啊，孩子心裡裝的是社會主義這個大『家』，幹的是社會主義這個大『業』，舊的傳統觀念怎能束縛住他呢？」

挑　戰

　　沙灘上，春澤和夥伴們栽的那排固沙楊，長得比駱駝的脊峰都高了，青枝綠葉拉起手來，構成一片鬱鬱蔥蔥的綠林，再往高長長，就成一座擋風的牆啦！小柴也長高了，比乍來農村時長了足有半頭，長方臉黑裡透紅，顯得更加雄姿勃發，濃眉下那雙大眼顯得更加明亮有神了。

　　明媚的陽光，照耀著秋天的原野。遼闊的玉田皋大川，到處是一派好年勝景。在黨的領導下，廣大貧下中農又戰勝了百年罕見的第二個大旱年頭。看團結渠畔，場上的莊垛像小山一樣高，場院一擴再擴，還是盛不下。各族社員們在田野裡勞動，紅旗飄飄，笑語喧騰，一簇簇人群，傳出一串串歌聲。知識青年點，也跨上飛快的駿馬。兩年1952多，添人進口，不斷壯大，組成了生龍活虎的青年隊。這個青年隊在村西邊那一百多畝人稱雁不落的沙灘上，重建「家園」，蓋起整齊寬敞的十一間房子，打了一眼機井，一眼土井，育了十畝樹苗，植了四十畝樹，院裡停著大膠車，圈裡拴著大犍牛，驢狍蹶子豬撒歡兒，五穀雜糧堆滿院。「五·七」維修小組，「六·二六」衛生小組，被貧下中農看作是心坎上的鮮花；圖書室，演出隊，成爲全大隊文化活動的中心，誰看了青年點裡那朝氣蓬勃的景象，都不禁叫好：「多好的一群小青年，真把革命的大家業創起來了！」

　　業，創起來了；人，成長起來了。柴春澤，已經在一九七三年六月入了黨，不久，又擔任了大隊黨支部副書記。

肩上的擔子重了，一場新的考驗又向柴春澤迎面撲來。

這，就是他接到的父親八月二十日的那封來信。

小柴極力控制著翻滾的心情，冷靜地想：上次，父親來信讓他轉“點”，經過自己正確處理之後，父親已經認識到自己錯了，並做了自我批評，支持他在農村紮根。過了一段時間，爲什麼又出現反覆了呢？小柴想不通，實在想不通啊！

父親從小給地主當牛做馬。一天，因爲小雞吃了幾粒地主曬的糧食，地主婆追到家裡，打傷了奶奶，氣死病中的爺爺。爺爺臨咽氣的時候，抓住父親的手，囑咐他爲窮人報仇……血海深仇，難道父親忘掉了嗎？

父親爲給窮人雪恨，參加了毛主席領導的武工隊，和日本鬼子，漢奸惡霸，進行英勇鬥爭。敵人曾懸巨賞，收買他和另外兩位抗日戰士的頭。解放後，父親一直做黨的基層領導工作，而且，不止一次地用這些激動人心的革命家史，教育他和弟弟妹妹。做一個無產階級革命事業的接班人。如今，難道父親把這段革命經歷忘記了嗎？

革命導師的話，一下子使小柴明白了：“反映舊制度的舊思想的殘餘，總是長期地留在人們的頭腦裡，不願意輕易地退去的。”父親思想上其所以出現反覆？正是輕視農村、輕視農業勞動的舊思想，舊觀念在起作用啊！如果都像父親這樣，農村誰來建設？玉田皋何年才能變大寨？這時候，玉田皋的貧下中農，青年點的夥伴，一張張熟悉而又親切的面孔，浮現在小柴的腦海裡，給了他勇氣，給了他力量。他認識到，父親動員他轉點，僅僅是這場鬥爭的“序幕”，而這次動員他回城，正是這場鬥爭的高潮。作爲毛主席的革命青年，面對著舊的傳統觀念，柴春澤，他要挑戰了！

這是一封“柴春澤兒親收”的家信，小柴沒有顧及這些；父親讓他“現在還不需和別人講”，小柴沒有考慮這個。利用休息時間，他把夥伴們召集在一起，說：“戰友們，我又接到一封家信，這是我父親寫給我的，可這種思想不光我父親有，所以我決定把這封信公開。”小柴提高了嗓門，向夥伴們宣讀了父親的來信。

大夥一聽，立即引起激烈的反響。夥伴們使勁攥住他的手說：“小柴，你做的對。這封信實際上是給我們每個知識青年出了一道考題，看我們敢不敢和舊的傳統觀念實行徹底的決裂。”

可是個別人“好心”地對柴春澤說：“家醜不可外揚啊！”柴春澤斬釘截鐵地說：“我不認為它是醜，如果認為是醜，我看家醜，外醜，都是資產階級的，我們無產階級堅決跟這些醜東西決裂！”

又有人勸他：“春澤，別弄過分了，傷了父子感情……”

春澤響亮地回答：“這個問題我想過。我們是父子關係。但從黨的立場來說，我們又是同志關係、革命關係，它比父子關係不知道要高多少倍。我相信，父親一定會支持我的！”

夜深了，小柴坐在毛主席光輝畫像下面，打開《共產黨宣言》，滿懷雄心壯志，給父親寫了一封充滿革命戰鬥激情的長信。信中發出氣壯山河的誓言：

　　向前看 —— 共產主義金光閃，

　　途無限，紮根農村爭取奮鬥六十年！

　　向前看 —— 征途仍然有艱險，

　　講路線，建設農村不獲勝利心不甘！

　　向前看 —— 世界風雲在變幻，

　　立大志，誓為全球紅遍決裂舊觀念。

信中還懇切地忠告父親：

爸爸，您同其他很多革命老前輩一樣，在戰爭年代同敵人鬥過，在槍林彈雨中衝過鋒，陷過陣，那時你們那樣幹，根本沒有想到自己家如何，甚至連自己的生命都置之度外，因而打下了今天的江山。可是，自然法則決定了老一輩革命家不可能直接去完成共產主義事業。我們這一代青年人要接你們這些革命老前輩的班，我們好與壞，關係到中國革命千秋萬代問題。一旦黨變修，國變色，我們還有什麼家，甚至還會有什麼我們自己現在的政治地位？

爸爸，我現在百分之百地需要你對我進行紮根教育，我不同意你這拔根教育。

……

看！這是多麼高尚的革命情懷！這就是用毛澤東思想哺育起來的我國年輕的一代！林彪妄圖用孔老二的傳統觀念腐蝕我們年輕的一代，帝國主義、社會帝國主義的頭子們也曾經把復辟的希望寄託在我國年輕一代的身上。呸！愚蠢的先生們，白日做夢吧！世界永遠是屬於我們革命的年輕一代！

一股強大的革命激浪，衝刷著舊傳統、舊觀念的污泥濁水；一個革命新生事物在馬列主義、毛澤東思想陽光哺育下，正在茁壯成長。小將的挑戰，乘著紅色電波，從玉田皋傳遍昭烏達盟，傳遍遼寧城鄉，傳遍祖國大地。父親受到很大觸動，去信支持他，鼓勵他；千百萬知識青年更加堅定地走同工農相結合的道路，學習他；老一代的革命家更加煥發革命青春，決心搞好傳幫帶，和革命小將繼續革命！

在這春光明媚的日子裡，小柴和他夥伴們，又投入了批林批孔，抓革命促生產的戰場。

戰鼓響了。小柴肩扛鐵鍬，朝氣勃勃，一邊大步匆匆地向工地走，一邊向身旁的夥伴做著鼓動工作：

"咱們，要把黨和毛主席的關懷當著強大的動力。高舉紅旗，緊跟毛主席再進行一次新的長征。在這新的長征路上，還會有雪山，還會有草地，還會有王明、張國燾。我們要認真學習馬列主義和毛澤東思想，批臭劉少奇、林彪、孔丘，徹底決裂舊觀念，奪取這次長征的新勝利！"

　　革命征途闊，萬馬奔騰急。小柴啊，人民在等待著你和你的夥伴們新的勝利喜訊！

　　　　　　　　　　　　（原載《遼寧文藝》1974 年第 4 期）

徐家灣裡一人家

陳　世　旭

贛北棉鄉。

傍依長江的永安公社，有個徐家灣，灣裡濃柳掩映的長堤下麵，住著一戶特別的人家。這家人，一老三少。他們像一家人，又不像一家人。說像也真像，老人家開口閉口"我的伢"，伢兒們出門進門喊"婆婆"。說不像也不像，一老三少，名不同姓，話不同音。他們之間的感情，比那骨肉之情更深厚，更崇高。

責　任

一九七○年初春，有三名知識青年將要從南昌、九江來徐家灣插隊落戶。爲了這件事，徐家灣生產隊隊委會一直開到深夜。從鋤鍬扁擔到鍋瓢碗筷，都一一安排落實了。可有一件事，卻使隊委們感到作難：伢兒們剛下鄉，從生產到生活一時都會有些不適應，得選派一個得力的人，具體關照他們。挑誰呢？本來，陳元瑛婆婆是再合適不過的人了。這個六十六歲入黨的獨身老人，思想好，覺悟高，只要是集體的事，她哪回不走在頭裡；再說，伢兒們的住處也正好安排在她同一幢房子裡。可是，老人的大半輩子嘗盡了舊社會的苦痛，平日裡爲集體操心又沒完沒了的，能再去添她的負擔嗎？正是出於這種考慮，會議開了兩次都沒有定下來。

門"呼"一聲開了。隊委們一齊把頭轉向門口，不由一愣：元婆婆！老人走得很急，但這功夫卻默然立住了。她微微後仰，用倒背在身後的雙手，慢慢地合上門，喘著粗氣，士林藍布棉衣胸襟一起一伏；飽經風霜而輪廓分明的臉上，透出一片不常有的紅暈；幾絡黑白相間的頭髮，遮在眼簾上，本來就有些凹下去的眼睛，現在正閃現出一種異常深沉的光。不用說，老人生氣了。屋裡的空氣，頓時變得緊張起來。老人的眼光默默地向屋子裡掃視了一遍，最後落在隊長的身上：

"伢兒們為什麼不安在我家？"

"元婆婆……"

"不，聽我說下去。你們說我大半輩子是吃夠了苦頭，可如今就該享清福了嗎？我老婆子是哪種人，你們心裡又不是沒底兒，麼時候學著從門縫裡看人啦？嗯？"她停了一會兒，抓起桌上的茶杯，喝了一口水，接著說："知識青年下農村，這可是我們無產階級革命千秋萬代的大事，我是個共產黨員，能在這麼個大事面前拉下半步兒嗎？毛主席語重心長，叮囑我們要歡迎他們來。沒說的，他們就是我的伢兒，要說有個麼子不同，只不過少懷他們十個月罷了。一句話，把伢兒們撫養成人，這是黨交的任務，是我的責任！"

隊長"霍"地站起來，一把抓住她的手："好婆婆，聽你的！事情就這麼定了。"

元婆婆咧嘴笑了，滿臉的皺紋顫動著，像開出了一朵老菊花。

一戶特別的人家，就這樣在徐家灣出現了。

皿

知識青年王華勝、鄒理明、汪輝蓮在她家裡住下了。從此，元婆婆就將一顆火熱的心，緊緊地拴在他們身上。早上，元婆婆依著門，送伢兒們出工；一天三頓，她滾湯熱飯，迎伢兒們收工；晚上，她把漿洗乾淨的鞋襪衣褲送到伢兒們床頭，然後，就坐在他們身邊，穿針引線到更深。伢兒們的一舉一動，牽動著婆婆的心。誰的笑聲不像往常那麼響了，她就會把你摟在懷裡，用臉輕輕摩挲你的額頭，一直問到她放心為止；誰吃喝不像往時香啦，下一頓，你扒拉著，扒拉著，就會發現碗底有一個松黃油煎的雞蛋；院子裡刮過一陣風，天邊起了雲，估計著要下雨了，她便摟起大堆雨具，急匆匆奔出門；日上三竿，她惦記著你在地裡淌汗了，儘管隊裡送來了大桶茶水，可她還是挈著滿瓦罐的糖茶水上地頭來了。人們都說，元婆婆的心像水晶那樣通明透亮。但是，作為一個共產黨員、母親，元婆婆卻想得更多、更深遠。

一天晚上，元婆婆在參加隊委會回來的路上，心裡盤算著：幾天以後，隊裡要給棉花追施蕾鈴肥，伢兒們下鄉不久，這可是個考驗哩，到時候可別弄孬包了。對，先給它來個"演習"，把工作做在前頭。

第二天一早，元婆婆叫起了三個伢兒："我們家那幾分菜地該上糞了，現在離出工還早，走吧。"

到了糞窖邊，伢兒們你看我，我看你，誰也不去抓那糞勺子。元婆婆沒吱聲，她捋起袖子，從從容容地抓起糞勺在窖裡攪動起來。氣味一股一股往上衝，伢兒們不由得捂著鼻子溜到一邊。婆婆仍默默地彎著腰把糞一勺一勺往桶裡舀。好一會，桶滿了，婆婆直起腰來，眼睛盯著幾個伢兒，不笑也不說。伢兒們知道自己做錯事了，吐了吐舌頭，跑上前去，搶過了扁擔……

晚上，她把三個伢兒叫到堂屋裡，嚴肅地說："婆婆是農村人，論起理兒沒你們能，不管怎麼說，怕髒怕累，那是一種舊思想。什麼人乾淨，什麼人不乾淨，怎樣才於淨，看看毛主席是怎樣指點我們的。今晚，就算辦個學習班吧。"這一夜，他們聚在油燈下，一直說到月亮升在頭頂。

　　幾天以後，生產隊出糞了。三個伢兒爭先恐後地搶在頭裡。肩壓腫了，不哼聲；糞濺到身上，不皺眉。有人關心地勸道：“頭一遭幹這活，還是注意著點。”伢兒們認真地回答：“改造世界觀，還能怕苦怕髒？婆婆說啦：‘糞臭三分香，人臭不可當’，這是個感情問題哩。”

　　伢兒們一天天成長起來。元婆婆一面打心裡甜，一面也更關心了：天再晴也有變陰的日子，水再靜也有起波的時候，年輕人的成長，絕不會是一帆風順的。

　　知識青年王華勝從九江休假回來，元婆婆發現他的神態有些不同，吃了飯後就把他叫到身邊問：“勝伢兒，你好像有什麼心事，能告訴婆婆嗎？”

　　王華勝說：“婆婆，我問您，如果我要到別的地方去工作，您同意嗎？”

　　“只要是國家需要，婆婆送你去！”

　　“唉呀，您真是我的好婆婆！”小王喜得一蹦好高，“這回從城裡來，聽說工廠要招收新工人，我呀，得想法弄個證明，也進工廠去。哎，婆婆，到時候，可得幫我說句話呀。”

　　“弄個證明？乍個弄法？”

　　“這個板眼，說了婆婆你也不懂，你送我走就得了。哎呀，真走了您也別難過，抽空我會來看看您，會給您寫信！”小王喜滋滋的直噴嘴。

　　“勝伢兒，有句話，婆婆得說在頭裡。婆婆家的伢兒，可不作興搞那個歪門邪道。”這功夫，元婆婆的臉沉了下來，眼睛直率地盯住小王。

　　“什麼什麼？婆婆你說什麼？”剛才還喜得直蹦亂跳的小王，一下子涼了半截。

　　“要是叫不正之風迷糊了你，婆婆萬不能答應！”，元婆婆一字一頓地回答。

"你……"小王架不住元婆婆那直率的眼光，一嘟嘴，別過臉去。

一連幾天，小王就像霜打了的草，低著頭不說話，這時候，灣裡飄來了一串冷言冷語："天於無露水，老來無人情'，伢兒們的前途，她哪裡放在心上。""'養兒防老'嘛，都走了，誰給她料理後事？"元婆婆聽了這些流言蜚語，沒動聲色。她把翻滾的風雲，一時埋在自己的心底。共產黨員的政治嗅覺，使她意識到：這是一場嚴峻複雜的鬥爭！

深夜，元婆婆像往常一樣，上伢兒們房裡"查鋪"。呀，夢裡的勝伢兒在呻吟呢。她探下身子，輕輕地掀開被角，揭起衣服，哎呀，背上紅通通的一片，中間一個小黑頭，這不是鬧下了"背花"嗎？這夜，元婆婆急得在屋裡團團轉。天剛放亮，她便出了門，走東家，串西家，向老漢們討旱煙筒的煙屎。

聽說知識青年背上生疔，這可是個致命的症候啊。人們紛紛拿主意。內行人告訴元婆婆，"牛奶藤"煎水內服是個效驗的草藥方子。聽了這話，她頭也不回，三步並作兩步轉身就走。隊長在後面緊跟上來。

踏進家門，小王已經醒了。見隊長來，剛想開口說話，瞥了一眼旁邊的元婆婆，又賭氣把話噎住了。隊長親昵地問："勝伢子，難受吧？我平日對你關照不夠，有麼子意見，你提吧。""意見？有什麼好提的。隊長，讓我走吧！"小王的語氣有些生硬。"勝伢兒，我也沒說不讓你走，要走，也得有個章程，得照黨的原則辦事呀。"元婆婆一開口，小王的火氣突地上來了："章程！原則！你別拿大帽子壓人。難怪人家說，你對我們是假好，是為你自己！"

"什麼？！"

"你沒有過伢兒，哪知道疼伢兒？哪管我們的前途？"

"嘩啦"一聲，元婆婆手裡包煙屎的荷葉包掉在地上。因為一夜沒睡而深深陷下去的兩個眼窩子，湧上一片霧水。隊長一時愣住了，半晌說不出話來。元婆婆彎下身子，撿起荷葉包交給隊長，喉頭彷彿有些哽咽：“你，給他敷上”。說完，一步一步向門外走去，秋後的風，吹亂她斑白的頭髮，乾燥的黃沙地上，留下她蹣跚的腳印。

隊長木然地看著元婆婆走出去，猛然清醒過來，把眼睛瞪得老大，壓抑著顫抖的聲音：“王華勝同志，你剛才都說了些什麼？是誰對你說，元婆婆待你們是假好？是誰對你說，元婆婆沒有伢兒？二十多年前，元婆婆是一家十二口啊。可那個家，叫人怎麼敢想。”他說著，聲音彷彿有些嘶啞，全身好像在抖動。接著，他憤怒地向小王訴說了元婆婆苦難的過去：

“舊社會，她九歲做了童養媳。婆家同娘家一樣，窮得日無雞吃穀，夜無老鼠糧。夫妻倆先後生養了十個伢兒。她同老實巴腳的丈夫撈蝦，賣工，討飯，苦裡逃生，巴望著伢兒們長大成人。可是，除了大女伢八歲就走上同她自己一樣的路以外，八個伢兒在沒有乳汁的懷抱裡，在沒有火星的灶台邊，在揚滿塵土的乞討路上，都一一夭亡了，最後，只剩了個大伢子。

“這惟一的根苗，寄託著全家的希望。十五歲的大伢子就給地主扛上了長工。十九歲那年，長期勞累引起的暴病又把他拖倒在爛板床上，因無錢醫治，活活地被拖死。不久，老漢也在悲憤中，鬱鬱去世。元婆婆的心，從此變成了一口枯井。

“解放了，黨的陽光把這口枯井照亮，給它注滿了活鮮鮮的幸福水。有人替她惋惜：‘好光景來了，家卻沒了。’可她說：‘舊社會把我那小家子砸了，新社會給了我個大家子，這個家，就是集體，就是社會主義國家。’為了這個大家子，她拚上命，沒日沒夜地奔，大家都誇她是耿耿紅心錚錚鐵骨的好婆婆。你們來了，她在支部會上一再表態：‘這個大家子，添上了新血液了，非得叫他們長成器，給社會主義大家子扎實架上幾棵棟樑材！’

元婆婆的心，是塊金子啊！可這塊金子，在你眼裡，成了什麼了？好好兒想想吧，小王！"隊長的喉嚨哽咽得再也說不下去，一轉身走了出去。

一出門，隊長趕緊去找元婆婆：這陣子，老人家不知傷心得怎麼樣了呢。可是挨家挨戶找遍了全灣子，也沒見到她的影子。上哪了呢？突然，村外齊腰深的水塘裡，一個老人的身影跳進隊長的眼簾。老人正向著塘坳下的大叢草刺蓬吃力地蹬去。一切都明白了。隊長猛跑起來，高喊著，跳進冰寒徹骨的水中……

中午，元婆婆回到家裡。正在發呆的小王，看著她淋淋滴水的衣襟，看著她被荊棘刺破的手指，看著她采回的滿滿一籃牛奶藤上凝著的點點鮮血，猛地撲進她的懷裡，失聲痛哭起來。元婆婆把他緊緊摟住，激情地撫著他搐動的背脊，臉上泛起了微笑。

屋子裡又充滿了兩代人歡快的笑聲。但在元婆婆的心裡，事情遠沒有結束：夜貓子沒有睡覺，毒根子得刨出來。這些日子，她同隊委們反覆商量，內查外調，順藤摸瓜，堅持以批林整風為綱，聯繫現實鬥爭，揪出了破壞知識青年上山下鄉的地主分子，進一步提高了知識青年和社員群眾的階級鬥爭、路線鬥爭覺悟。

欣　慰

階級的情義重於泰山。元婆婆無私地愛她的伢兒們，而伢兒們從這種深摯的愛中，強烈地感受到社會主義新農村火一般的溫暖，貧下中農山一般的情義。他們愛婆婆，愛生產隊，在人民群眾的沃土中，深深地紮下了根，蓬蓬勃勃地舒展著青春的枝條。

天空下著傾盆大雨。在屋裡可以清楚地聽到堤外狂風夾著大浪撲打江岸的呼嘯聲。元婆婆的心，也在一陣陣地翻騰，王華勝和鄒理明兩個邪兒同隊裡人上堤去了，照說不會出麼事吧，最叫人擔心的是汪輝蓮那丫頭，因為急事請假兩天回九江，該是今天回來的。江面上的風怕有七八級吧，這種天氣可千萬不能動腳啊。

就在這時"撲啦"一聲，屋裡捲進來一個水人。元婆婆一看，正是小汪。

"沒船，你怎麼來啦？"

"坐車。"

"哪有車？"

"'11'號自行車嘛。"小汪一邊調皮地直笑，一邊擰著衣服上的水。

"哎呀，鬼丫頭，四五十里地，誰讓你來啦？"

"自己唄。你想，隊裡生產這麼緊，再說，超了假，你批準嗎？婆婆你真是，不來，我怕你一天還不念它十遍百遍呢。來了，又'罵'人。"小汪一個勁在婆婆面前撒嬌。

"鬼丫頭，敢賣嘴弄舌。要來，也不能水鴨兒似的來呀。還不給我換衣服去。"婆婆把巴掌高高地揚起來，快搉到了丫頭的後腦勺了，又停住了。

屋子裡揚起一片歡暢的笑聲。

小汪忽然問："小王、小鄒他們呢？""上堤抗洪去了。""呀！"小汪失聲叫起來，拔腿就往外跑。"鬼丫頭，上哪去？你還沒換衣服呢。"元婆婆一把沒拉住，急得直跺腳。"回頭再換吧，再見，婆婆！"元婆婆看著她消失在雨幕中的身影，欣慰地笑著。她這是從心底裡笑出來的，笑是多麼慈祥！她看見一代新人在社會主義的土地上茁壯成長，怎能叫她不高興呢？

快半夜了，伢兒們一個也沒有回來。元婆婆把飯菜熱了一遍又一遍，不時把頭探出門外張望。門外黑糊糊的一片，只聽風愈緊，雨愈急，浪愈猛。她再也耐不住了，一轉身，披起蓑衣，拄上棍子，顛顛跛跛地往外撲去。

此刻，大堤上，一場緊張的戰鬥正在進行。

風狂。雨暴。雷鳴。電閃。滿江的浪濤呼啦啦掀騰著，彷彿要把個徐家灣兜底兒翻過來。連續奮戰了一整天的人們在頑強地抗擊著急速上漲的洪水。一陣陣排浪嘩啦啦地撲過堤面，一處地方開始出現塌方。最後的時刻來到了。"立即阻險！"隊長沙啞的話音剛落，四面響起一片喊聲：

"我是共產黨員！"

"我是共青團員！"

"我是民兵！"

"我們是元婆婆的伢兒！"刷！刷！刷！三個人擠到了人群的最前面。

"好樣的，沒有一個孬包！"一股熱浪湧上隊長的心頭。他把牙根一咬，手橫空一劈："上！"

人牆剛剛築成，運砂石的駁船開到了。人們正待歡呼，卻出現了一個意外的情況：風狂浪激，駁船難以固定，跳板伸出來，怎麼也搭不上岸。就在這時，只見小王一個猛子紮過去，迅速露出了水面，用肩頭扛起了跳板。緊跟著，小鄒過來了，小汪過來了，貧下中農社員們過來了，狂暴的風浪中，一道人橋出現了！

急浪像鞭子一樣劈頭蓋臉地抽下來，鮮血從負荷沉重的肩頭滲透出來。一天一夜的緊張戰鬥，使小王感到極度的疲憊，他把發白的嘴唇一咬再咬：在這場憑意志和毅力進行的搏鬥中，堅持就是勝利！他猛力地睜開微閉的眼睛，沙啞的喉嚨喊出一個莊嚴、高昂的聲音。這聲音像電流一樣，立刻傳遍了抗洪工地，在工地上空迴響："下定決心，不怕犧牲，排除萬難，去爭取勝利。"這聲音衝破狂風，衝破暴雨，兇暴的洪浪在那堅不可摧的銅牆鐵壁面前，化為一片碎沫。

一個社員高興地對元婆婆說："元婆婆，你看，好樣的，一個個都成泥水蛋子啦！"沉浸在激情中的元婆婆，一下子把頭抬起來，嗔道："不會說話就莫說，什麼'泥水蛋子'，我的伢，個個是鐵蛋子、鋼蛋子！"

　　"好！好！鐵蛋子！鋼蛋子！哈，哈，哈！"笑聲衝破了漆黑的夜空。

　　紅日從東方冉冉升起，霞光灑滿徐家灣山山水水。近來，喜事椿椿，光臨了徐家灣這一家子的門庭，兩個伢兒入了團，小王被貧下中農推選到公社再教育領導小組。今天他們又要去迎接新戰鬥了。元婆婆把他們一直送上大堤。

　　伢兒們迎著朝霞，漸漸走遠了。元婆婆欣慰地笑著，心裡升起一個莊嚴幸福的思想：啊，長大了！長大了！煉硬了翅膀，沿著毛主席革命路線，飛起來了！

　　　　　　　　　　　　　（原載《江西日報》1974 年 3 月 3 日）

考　試

—— 張鐵生的故事

許長文　李久林

……而當一種錯誤傾向像潮水般湧來的時候，要不怕孤立，敢於反潮流，敢於硬著頭皮頂住。

　　—— 摘自周恩來《在中國共產黨第十次全國代表大會上的報告》

　　一九七三年盛夏的一天清晨，人們翻開當天的《人民日報》，立刻被一份"答卷"吸引住了。"編者按"指出："七月十九日，《遼寧日報》以《一份發人深省的答卷》為題，刊登了一位下鄉知識青年的信，並為此加了編者按。這封信提出了教育戰線上兩條路線、兩種思想鬥爭中的一個重要問題，確實發入深思。，'這份"答卷"充滿著火辣辣的戰鬥氣息。鋒芒所向，直指上層建築領域中的復舊和倒退，直指修正主義教育制度……

　　寫這份答卷的人是誰呢？

　　他，就是一九六八年的下鄉知識青年、共青團員、興城縣白塔公社棗山大隊第四生產隊隊長張鐵生同志。

一

　　巍峨壯麗的九龍山，像一把犀利的寶劍，穿雲破霧，直插藍天。山腰處湧出的泉水，滴石成川，聚成河流，在六月的驕陽下，鼓著波浪，奔騰喧囂，曲曲彎彎，繞過一個綠陰環抱的山村。這就是張鐵生的故鄉 ── 興城縣白塔公社棗山大隊。

正是鏟二遍地的時節。一場透雨過後，雲散日出，湛藍的天空像一潭深水，顯得那樣乾淨透亮。廣闊的原野上，層層的梯田裡，小苗綠油油的，微風一吹，抖落一串“珍珠”，那舒展的嫩葉，好像又伸長了不少。小苗見透雨，一日長三寸，苗追人哪。

山坡上，河塘邊，到處都有頭戴草帽的社員在鋤地，趟地，拔草，施肥。你追我趕，人歡馬叫，把個小小的山村鬧得更加紅火了。春爭日，夏爭時，雨前保墒，雨後奪苗，鋤在刷刷響，犁在急急走，忙啊，實在是忙。

日近中午，山坡底下一條通往縣城的小路上，一輛自行車飛馳而來。騎在車子上的是回鄉知識青年小王。他把車子騎到地邊，一捏抱閘，跳了下來，衝著鏟地的人喊：

“鐵 ── 生 ── ！”

聽到喊聲，鏟地的人群中，一個青年直起腰來。他二十多歲，中溜個，長瓜臉，兩隻烏黑閃亮的眼睛，不時地眨動著，一看就知道是一個很有心計的人。汗水打濕了他那長長的睫毛，順著下巴頦滴到栗殼色的胸膛上，兩隻粗壯的胳膊就像抹上了一層油。他就是四隊隊長張鐵生。

鐵生快步走到小王跟前，用手摸了摸自行車衣架上的一個包，臉上露出了喜色：

“買回來了？”

“嗯。”小王用衣襟抹了一把臉，點了點頭。

“快送到棉花地裡，藥眼瞅著就打沒了，你再不回來，就得歇工了。”

小王答應著，一伸手從車把上的挎包裡，掏出幾本書，遞到鐵生面前：

"給。"

鐵生一愣。小王美滋滋地說：

"這是我順便從老師那兒借來的幾本書。"

"幹啥？"

小王臉上的高興勁一下掃去大半："後天就要考試了，這兩天你也該稍微看看書，臨陣磨槍，不快也光嘛！"

鐵生這時才猛然想起，前幾天大隊通訊員告訴他，六月三十日參加大學招生的文化考核，還說黨支部給了他十天假，隊裡由副隊長代班。

鐵生望一眼地裡正在伸腰拔節的莊稼，若有所思地說：

"把書拿回去吧，我眼下沒工夫。"

"咳！"小王著急了，"告訴你，在縣裡聽說這次大學招生是優中選優，在推薦的基礎上按分錄取！"

小王這句自以為很有分量的話，並沒有引起鐵生的震動。此時，他兩眼正瞅著不遠處的稻田。一陣微風輕輕掠過水面，吹拂著稻池裡的秧苗，蕩起綠色的漣漪。他那剛勁的眉頭一挑，快步走到稻池邊，用手摩娑著正在返青擴櫱的稻苗，那葉嬌綠嬌綠，鐵生的心裡甜滋滋的，自言自語地說：

"該追肥了，明天得派人來。"

小王把車子推到鐵生身邊，又把書送了過來："你呀，火上房都不著急，可是，多少人替你著急。"

"急，是急呀。"鐵生推開眼前的書，用手指著漫山遍野的莊稼，說，"地要鏟，肥要施，蟲要滅，圈要起，活計一件接一件還不急？"

鐵生把鋤頭扛到肩上，回過頭來："眼下廣大貧下中農正在高舉'農業學大寨'的旗幟，為打勝農業翻身仗與日爭時，與草奪苗，艱苦奮鬥，在這鬥爭的關鍵時刻，我不能離開自己的崗位！"

“不能離開自己的崗位。”這話回答的多麼乾脆，說的何等好啊。這裡有一代青年的理想在閃光，有鐵生的決心在躍動。鐵生一九六八年響應毛主席的偉大號召，來到農村插隊落戶，把自己的崗位定在廣闊的農村。當貧下中農一致推薦他上大學，黨支部書記把“志願書”擺在他面前的時候，他激動地流出了眼淚，拿筆的手不聽使喚。他想又想，選了又選，最後他的眼光落在了農學院的獸醫系和水利系。人們問他：“爲啥單學務農的專業？”他說：“上大學不是爲了遠走高飛，而是爲了學到必要的文化科學知識，咱農村需要獸醫和水利工作的人哪！”

“是啊，正因爲這樣，你應當複習功課，別辜負貧下中農的希望。”傍晚，黨支部書記、貧農代表成大叔在西坡果樹趙子裡找到了鐵生，又一次催促他，“隊裡的活有我們呢，你放心複習功課吧。”成大叔拄著鋤杠，勸說著鐵生。

鐵生用一根木棍支起下沉的果樹丫，直起腰來，望一眼炊煙未散的山村，心裡激一層又一層浪。五年的時間，上千個日日夜夜，貧下中農手把手教會了春犁夏鏟秋打冬儲，心貼心地告訴在鬥爭的風口浪頭應當擦亮眼睛，站穩腳跟。是黨是貧下中農把一個城裡長大的孩子，換上了一副錚錚筋骨，注上了新鮮的血液。我的一切屬於黨，屬於革命，屬於農村。眼下農活這樣緊，人誤地一時，地誤人一年；家看家，戶看戶，社員看幹部；在這鬥爭的關鍵時刻，我難道能扔下集體，閉門複習，離開生產鬥爭去備考嗎？

鐵生兩眼望著支部書記、貧農代表成大叔，嘴唇微微有些顫抖。

“鐵生，你同意了？”

時間是這樣的緊迫，一邊是生產的當務之急，一邊是即將來臨的高考。二者發生了矛盾。鐵生啊，面對這場考驗，現實要你做出抉擇，時間等待你回答。

鐵生一把握住支書的手，說：

"支書，成大叔，我知道，個人的力量是有限的，隊裡少了我，生產照樣搞得好。但是，多一個人不是多一份力量嗎？教育為無產階級政治服務，與生產勞動相結合，這是毛主席的教導。在關鍵時刻，脫離生產去複習，我不忍心！"

還有什麼話比這更明朗，更堅決，更叫人感到一顆鮮紅的心在跳動？支部書記成大叔深情地望著鐵生許久許久。

一抹晚霞映紅了群山，映紅了鐵生那張生氣勃勃的臉。

開完隊委會，已經是夜裡十點鐘了。鐵生踩著高低不平的街道，急急忙忙地走著。他叫起了車老闆："大哥，明天起大早去城裡拉化肥，過幾天有雨，雨前得追上呀。"又喊醒了小青年："明天給果樹打藥，預備好口罩手套，免得回家現取耽誤活。"等他回到家，媽媽已經睡醒了一覺。媽媽說：

"大夥把書都給你送來了，可你，連邊都沒沾……"媽媽又揀起了白天的話題。

"媽，明天下地帶手鋤，穀子地苗眼兒草長起來了。"

"地，地，你就知道地。"媽媽嗔怪地歎了口氣，"人家都複習一個多月了，你不隨大流，也得趕趕大流。"

"媽，"鐵生把布衫扔在櫃上，說，"離開生產崗位去專門搞複習，這個大流，我不隨，我不趕。"

考期越來越近了，留給鐵生的時間，只有一個白天，一個夜晚。但是在這二十多個小時中，有多少緊迫的事等待鐵生去做啊。

—— 凌晨四點，他敲響了出工的鐘聲，迎來了又一個緊張的勞動日。

—— 上午鏟高粱，他一直榜在最前面。

—— 晌午，他覺沒睡，涼沒乘，又上了西山坡。日落西山，他才和婦女苗完了苞米地的化肥。

—— 晚上，又組織社員開了批林整風會，學習了中央文件。

在夏鋤大忙季節，鐵生一天要工作多少個小時？只有棗山四隊的貧下中農最清楚……

二

一個人的正確思想不是憑空產生的，而是在長期革命實踐中逐步形成的。無產階級文化大革命培養了鐵生的造反性格，農村三大革命運動實踐鍛煉了他的鬥爭精神。他經常愛說這樣一句話：“革命者的一生應該是鬥爭的一生。”

鐵生剛歸戶棗山不久，看到村前鴨子河畔有一塊爛泥塘，水草茂密，用手一摳河底，油黑的泥散發出腐草爛葉的腥臭味。寶地，真是塊寶地。鐵生樂得一蹦三尺高，跑到隊長跟前：

“隊長，把鴨子河邊爛泥塘開成水田，管保行。”

隊長眼角魚尾紋一顫，沒等說話，旁邊鑽出個人來，斜了斜鐵生說：

“吃飽了撐的，盡想外五六。”

鐵生使勁瞅了那人一眼。這時，隊長慢聲慢語地說：

“咱隊窮，眼下還沒有能力。”

“窮家舊業，還想高口味，小夥子，你才來幾天。”那人又跟上了一句。

“不對！鐵生亮著嗓門說，“正因為咱隊窮，得想辦法改變這種落後面貌。”

“改？”那人打量鐵生幾眼，露出不信任的眼光。

隊長扳起指頭對鐵生說：“搭工是小事，沒種沒糞也能張羅，可咱祖祖輩輩蒔弄旱田，沒人會種水稻呀。”

鐵生拍著胸脯說：“地，我黑夜幹，不要分；糞，我去揀；種，我去換；不會蒔弄，幹中學嘛！”

貧下中農知道了：“好樣的，鐵生，咱支持你。”

鐵生憋足了一口氣，借著月色在爛泥塘裡幹了起來。螞蟥叮人，直往肉裡鑽，鐵生薅出了螞蟥繼續幹。一邊幹一邊想，搞生產並不是一帆風順，是闖新路邁大步還是守舊攤原地踏步，這分明是兩條路線鬥爭。

挖草平畦，壘壩打埂，用去了鐵生多少個出工前的黎明，下班後的夜晚！自家的水桶磨穿了兩隻，布鞋漚爛了三雙。是汗水，是毅力，是敢於同大自然鬥爭的革命精神，博得了貧下中農的好評和支持，人們幫他管理稻田。秋天，水稻獲得了豐收，棗山四隊的社員第一次吃上自己土地裡長出的大米，樂得嘴都合不攏。

可是鐵生的眉頭卻鎖得更緊了。有水不會種稻，有土不能保持，八年改造山河只放了兩槍 ── 修了兩個小水庫，大水一衝，垮了。土地，無邊的土地，老一代把這塊土地交給我們，當我們交班的時候，難道還這樣原封不動地交給下一代嗎？是做大自然的主人，還是當大自然的奴隸？是向大自然索取，還是等待大自然的恩賜？這裡面包含著多少激烈的鬥爭啊！我們這代人，應當向大寨人學習，重新安排山、水、田。從這時起，鐵生的心裡裝著一個又一個改變家鄉面貌的藍圖。

三年後，鐵生當上了隊長，肩上的擔子越來越重，面前的鬥爭越來越激烈。

正在抗旱的節骨眼兒，生產隊水罐上的膠皮帶丟了，社員們都很著急，也很氣憤，一致要求查找出來，嚴肅處理，按價賠償。大夥的話音還沒落，小王氣喘吁吁地跑來，說：

"隊長，查出來了。"

"誰，是誰？"大夥都湊了過來。

"岳陽波的孩子，割成彈弓皮子去玩了。"

人們議論紛紛。有的說："岳陽波也得執行制度。"也有的說："算了，算了，制度是死的，執行起來是活的。"

鐵生一抬胳膊："沒二話，按價賠償。"說著就要去找岳陽波。

　　一名幹部趕忙追了過去，拉住鐵生說：

　　"算了吧，老岳是大隊副書記，聲張出去他怎麼在群眾面前講話？"

　　另一名社員也小聲說："你是下鄉青年，現在又當隊長，要注意上下級關係，也要爲自己的前途著想。"

　　鐵生的心裡就像牤牛水一樣，翻上翻下。社員的孩子損壞了集體財產要賠，幹部的孩子損壞了集體財產爲什麼不能處理？這是一種什麼風氣？幹部不論職位高低，都是人民的勤務員。當幹部只有爲人民服務的義務，絕對沒有搞特殊化的權力。我是毛主席教導的革命青年，貧下中農推選出來的當家人，怎麼能爲了給自己找出路去拉私人關係？想到這，鐵生斬釘截鐵地說：

　　"照制度辦事，按價賠償。"說著甩開那個幹部，頭也不回地去找岳陽波。

　　望著鐵生走得很衝的身影，那幹部咽了口唾沫，說：

　　"目無領導，你才當了幾天隊長？"

　　"不當隊長也應當管呀！"事後過了許久，當談起這件事時，岳陽波還深深爲鐵生的鬥爭精神所感動。他接著說："當時，我還真有點想不通，擰著鼻子交了款。後來通過學習，我才感到鐵生那樣做是對我的關心愛護，青年人就應當這樣，對的就擁護，錯的就反對。"

　　反對錯的，同非無產階級思想作鬥爭，同舊的傳統觀念實行最徹底的決裂。張鐵生有這股不妥協的"鐵"勁。

　　他有個老叔，是個木匠。夏鋤大忙季節私自外出做活，還不往隊裡交錢，社員們都很氣憤。鐵生更是覺得應當鬥垮這種歪風邪氣。

　　"老叔，"鐵生在村外的大道上堵住了木匠，"你違犯制度，私自外出可不對呀。"

木匠嘿嘿一笑："不去了，不去了。"說是說，做是做，第二天，木匠又背著家什走了。

太陽壓山，鐵生站在東坡高粱地裡，看見木匠樂顛顛地向村裡走來，大喊一聲："站住！"

木匠嚇了一跳，木橛橛地立在那。鐵生快步走到他跟前，臉漲得通紅：

"老叔，你怎麼說話不算數？正道不走走邪道？"

這句話激怒了木匠，臉刷地一下紅到脖子根，青筋直跳，鼻子使勁一哼就要走。鐵生攔住他：

"把話說清楚了再走。"

木匠一甩袖子："你小子出息幾天？官不大管的事不少，遠點'煽'著，我沒工夫理你。"說完一扭身走了。

"你沒工夫理我，我有工夫理你。"鐵生望著木匠的背影，心裡在想，"不行，我不能看著你往陷阱裡走。"

鐵生大步回到家，放下工具，就要過東院去，媽媽趕緊說："落個人情吧，他是你長輩，往後我怎見人？"

人情？鐵生心裡像開了鍋的米湯，來回直翻。明明是錯誤的東西，為什麼還讓我落個人情？資本主義自發勢力如果不鬥垮，就會動搖社會主義集體經濟。老叔的無理，媽媽的勸說，不都是用一家一族、長輩來做藉口嗎？鐵生這時想起了《共產黨宣言》中的一段話：共產主義革命就是同傳統的所有制關係實行最徹底的決裂；毫不奇怪，它在自己的發展進程中要同傳統的觀念實行最徹底的決裂。鐵生的心裡豁然開朗，就像照進了一道強光。

鐵生對媽媽說："咱是社會主義時代的人，不能用封建社會的舊思想來混日子。長輩、晚輩都是同志，錯了就得鬥。人情人情，這不是無產階級的，咱需要的是階級的情。"

叫開了木匠家的門，鐵生一步跨進裡屋。木匠把身子扭了過去。

"老叔，按規定，你應當把在外掙的錢交給生產隊。"

"什麼？你要罰我？"木匠瞪大了眼睛。

"這是制度。"鐵生一字一板，落地有聲。

木匠自知理虧，舌頭在嘴裡光翻花說不出話來，半晌才說：

"罷了，罷了，你連你叔都不認識了。"

鐵生說："你是我的老叔，我啥時也忘不了，可是你有錯誤，我不能庇護你。"

木匠低下了腦袋。鐵生坐在炕上說：

"老叔，你也是窮苦出身，在舊社會，你風裡來，雨裡去，起早貪黑做木匠活，可吃過幾頓飽飯？"鐵生給老叔講了舊社會的辛酸，新社會的幸福。木匠的心裡有厚厚的一本賬啊，可惜好長時間沒翻了。鐵生幫助老叔翻完了這本賬，油燈已添了兩回油。鐵生伸手拉下毛巾遞給老叔。老叔顫抖的手擦去了眼上的淚水。鐵生繼續說："做私活掙黑錢，走的是資本主義道，老叔你好好想想，對嗎？"

這一夜木匠翻來覆去睡不熟，嘴越吧嗒越不是味。第二天交了錢，上了班。逢人便說："鐵生做得對呀。"

農村三大革命的實踐，賦予了鐵生鬥爭性格，馬列主義、毛澤東思想哺育著鐵生的反潮流精神。共產黨的哲學就是鬥爭哲學。鬥則進，不鬥則退，不鬥則垮，不鬥則修。

鐵生在鬥爭中成長，在鬥爭中前進！

三

一九七三年六月三十日，藍天萬里，陽光燦爛，又是一個晴朗的天。

興城縣"五·七"中學寬敞的大院裡，人來人往，顯得十分匆忙，大學招生文化考核就在這裡進行。

太陽像下火一樣,把大地曬得直烤人。張鐵生穿得汗衫,卷著沾滿泥巴的褲腳,從肅穆的考場走了出來,邊走邊想著心事:這已經是第二天了,外面是臨時組織的"巡邏隊",屋裡是一堂一換的監考教師,趴在桌上答卷的人個個滿頭大汗,這,這是什麼樣的考試呀?鐵生的心裡劃了個大問號。坐在高高的白楊樹下,鐵生和午休的考生們談起了這一天多的考試,心裡都覺得不痛快。

下午的理化考試就要開始了,這是最後一科,考生懷著各式各樣的心情向考場走去。鐵生邁著沉重的步子,向校門走著。老遠看見小王騎著車子向他奔來,他趕緊迎上去,沒等小王站穩,拉住車把就說:

"這兩天簡直讓人透不過氣來。"

"題深嗎?"小王問。

"不深。可是考場裡的氣氛緊張啊。"

接著鐵生急迫地問,西坡的高粱鏟完了嗎?西山的果樹打沒打藥?棉花蚜蟲……當他一一得到滿意的回答後,在小王的催促下,才向考場走去。走了幾步又回過頭來囑咐小王:"回去告訴隊長,三遍地得抓緊摟啊。"當鐵生快步進了校門時,考試已經開始了。走廊兩側的門緊閉著,臨時"巡邏隊"把看熱鬧的人擋在窗臺十米開外處。

鐵生進了屋,正在答卷的人驚訝地抬起頭來看了看,又都把頭埋了下去。監考的人是鐵生的母校老師,他踮著腳尖走了過來,把試卷遞到鐵生面前。

"鐵生,你怎麼才來?"這輕輕的話語,埋怨摻和著關心。

"我 — "鐵生剛說出一個字,就被老師打斷:

"快答吧,快答吧。"顯然,這位教師在這種時候不願意耽誤鐵生一分一秒,在他看來,多說一句話,鐵生答卷的時間就會減少一分,入學的希望也會受到影響。

　　鐵生掃了一眼如臨大敵的考場，汗水像湧泉一樣，悶得透不過氣來。監考老師悄悄地送來一杯涼開水，又一次催促著說：

　　“還傻想什麼，不快答題？今年可是按分錄取，你可別……”

　　鐵生抬頭望一眼老師，心裡說：這和過去有啥兩樣？就這麼幾道題，就能看出一個人的真實本領？就有那麼大神通？我不信。這時他忽然想起前些天，在公社試考時，一名教師硬從他手裡把剛答一半的試卷搶走。鐵生心裡十分氣憤。此刻，他看監考教師五分鐘一撥畫在黑板上的大表指針，考生伏在桌上一聲不吭。有的人可以明顯地看出，由於備考過累，精神不振，頭上掐著塊塊血印。看著這景象，鐵生心裡頓時怒火燃燒，眼前的一切和十年前考初中的情景多麼相似啊。那年，參加考試的雖然都是十三四歲的孩子，但考場門口有員警來回走動，室內監考教師板著面孔拆開密封的考卷。有個女性，體質虛弱，考前勞累過度，加上考場氣氛緊張，心情慌亂，拿起筆剛寫了幾個字就暈了過去。就是這樣也不許退場，打了針強心劑硬讓她堅持。舊的考試制度是加在學生身上的精神枷鎖，它束縛著學生的活躍的思想，腐蝕著青少年的靈魂。這一切在無產階級文化大革命中得到了清算，受到了批判。但是，為什麼在今天的考場又重現？鐵生的心裡劃上了一個大問號。

　　再過二十分鐘就到點了，可是鐵生面前的潔白的試卷，依然平整地放著。他想：十七年的舊教育制度，坑害了多少青年！為了弄張滿分的答卷，多少純潔健康的青年，考試前拼命死啃書本，脫離群眾，脫離實踐，走上了邪路。十七年哪，十七年，曾有多少優秀的工農兵子女被關在了學校門外！鐵生望一眼牆上貼著的毛主席語錄：要從有實踐經驗的工人農民中間選拔學生……在他頭腦中迅速閃過這樣的畫面：他和戰友們帶著火紅的“紅衛兵”袖標，站在金水橋上，仰望毛主席，幸福的淚水濕衣襟，他和戰友們站在那裡久久沒有離去……想到這裡，他心裡湧起一個念頭：造反，向教育革命中泛起的沉渣宣戰！鐵生毅然地拿起筆：

尊敬的領導：

書面考試就這麼過去了，對此，我有點感受，願意向領導談一談……

監考教師看鐵生拿起了筆，心裡很高興，雖說時間不多了，但能答上幾分也是好的。他趕忙遞過一杯涼開水，可是低頭一看，愣了，這哪裡是答理化卷。

鐵生，如果時間不夠，我請示領導，可以給你延長。"好心的教師怯生生地提醒鐵生。此時，他還沒有理解鐵生這一果敢行動，這哪裡是答卷，這分明是在戰鬥！

在這夏鋤生產的當務之急，我不忍心放棄生產而不顧，為著自己鑽到小屋子裡面去，那是過於利己了吧。如果那樣，將受到自己與貧下中農的革命事業心和自我革命的良心所譴責。有一點我可以自我安慰，我沒有為此而耽誤集體的工作，我在隊裡是負全面責任的。喜降了透雨，人們實在忙，在這個人與集體利益直接矛盾的情況下，這是一場鬥爭……

監考教師背上好像紮著了芒刺，擦了擦額上的汗水，眼睛又跟上了鐵生刷刷作響的筆尖：

…對於我這個城市長大的孩子，幾年來真是鍛煉極大，尤其是思想感情上和世界觀的改造方面，可以說是一個飛躍。在這裡，我沒有按要求和制度答卷（說不上什麼基礎知識和能力），我感覺並非可恥，可以勉強地應付一下嘛（沒有意思）！但那樣做，我的心是不太愉快的……

監考老師捧起這封信，就像三伏天捧著一盆火，熱，燙人的熱。他抬頭看著已經走出考場的鐵生背影，好像看到了在無產階級文化大革命中，鐵生叱吒風雲，向劉少奇資產階級司令部勇敢衝殺的情景，心久久沒有平靜……

　　在鬥爭的激流中，黨支持了鐵生的革命行動。在教育革命的凱歌聲中，鐵生被錄取爲遼寧農學院獸醫系學員。

　　一九七三年初秋的一個早晨，鐵生背著簡單的行裝，披著一身露光，向鄉親們告別了，他大聲喊道：

　　"鄉親們，我還要回來，我一定回來！"

　　沐浴著霞光的山谷，面對著這個生氣勃勃的年輕人，大聲地洪亮地呼應著：

　　"鄉親們，我還要回來，我一定回來！"

（原載《遼寧文藝》1974 年第 7-8 期）

記一位縣委書記

余 秋 雨

新南縣知識青年工作爲啥做得好？第一條是縣委重視。萬事一個理，領導是關鍵嘛！……
—— 一位地委負責同志的談話

一、在奔馳的汽車裡，周大爺講的故事

不止一次聽說過，坐長途汽車最勞累、最枯燥。這次我到贛南山區跑了一大圈，老坐長途汽車，感覺卻完全相反。

這天，我又坐上班車到新南縣去。這個縣山林面積多，汽車在盤山公路上盤來繞去、飛上飛下。可不久，一陣山風把無邊的松濤攪動了一番，竟劈劈啪啪地下起雨來。冰涼的雨點子潑在車窗玻璃上，外面是一道道小水流，裡面又蒙上了一層白濛濛的蒸氣，窗外的景色看不清了。大家的注意力一移到車內，話也就稠了。

"我琢磨，你大半是來看望知識青年的。" 我的鄰座，一位本地衣著的周大爺與我攀談起來。

"憑什麼？" 我笑著反問。

"一路看你最留神的是路邊知識青年點的新房子，車開過去了還伸著頭往後張望半天！" 你看他觀察得有多仔細！我笑著點了點頭，承認了。

這幾句隨意的交談，沒想到引得車上的乘客都轉過臉來看我，他們的神情，就像在對一個來看望他們子女弟妹的客人打招呼。

周大爺更是親切地替我安排起來："同志要有時間，多跑幾個地方，要是時間緊啊，我說就到我們西山公社大蒼山大隊青年創業隊去一次得了。不是我老頭胡吹，今天老唐就在我們那裡，是他手掌心裡捏著的點嘛！"

他一提"老唐"，使我想起了前不久一位地委負責同志多次給我們講起的新南縣縣委書記唐進。"老唐"興許就是他？問了一下，果然不錯。

周大爺聽我問起"老唐"，興致更高了："他啊，自從一九七〇年那場'大開仗'以後，上千知識青年就像一棵棵小苗苗栽到他心窩裡啦。"

我們前座一位三十多歲的婦女同志回過頭來對大爺說："爹！你說話就是楞，剛才沒頭沒腦蹦出個'老唐'不說，這又冒出個'大開仗'，人家同志怎麼懂？"

周大爺笑著對我說："你來看望知識青年，這事倒是該聽聽。反正坐在車上不能耕耙，說膩聽煩也不算浪費時間。"

前推五年，一九七〇年春天，咱新南縣來了第一批上海知識青年。

臨來那天，我代表全大隊貧下中農去接。我們大隊離城遠，我腿又有病，緊趕慢趕，到頭還是遲到了。

我打小跑跑到縣委招待所門口，咳，正巧碰到了老唐。我不好意思地說："老唐，我遲到了。"老唐說："我也遲到了。與醫生蘑菇了半天，就是不讓我出來！"哦，我這才想起來，前一陣是聽說他病了。

我們打聽到知識青年在禮堂休息，幹部和貧下中農代表在會議室開會，省裡的什麼部門來了一個姓柳的幹部，在介紹知識青年情況。

老唐說，開會反正遲到了，我們先去看看知識青年。跑進禮堂，我一個挨一個地看著這麼多活靈靈的小青年，總嫌看不夠。後來一抬頭，咦，老唐不見了。四周一找，才見他擠在一堆人群裡。我也擠過去一看，奇怪，大夥都在樂，這兒倒有一個細妹子低著頭在抹眼淚哩！旁邊的幾個青年七嘴八舌地在給老唐說著什麼。原來，這個女青年不在下鄉的名額裡，自己申請了好幾次，好不容易學校同意了，可省裡去帶隊的那個姓柳的幹部執意不收。這次是硬擠到車上才來的。剛才送決心書，那姓柳的幹部硬是從縣委副書記手裡奪下了她的那一張，說是"她的名額未定，不能收。"

老唐從她身邊拿起一卷紅紙，展開看了一遍，又捲好。我人老眼花，只在老唐捲的時候，瞟到下端的署名是："井岡山的新兒女張小青"。

老唐把捲好的決心書朝張小青前面揚了揚，說："井岡山的兒女在白軍的刺刀面前都沒有流過一滴淚啊！"

真靈，張小青像被啥東西刺了一下，馬上抬起頭來了，擦掉眼淚，紅著臉，兩隻大眼睛直盯著老唐看。

"父母親也同意了？"老唐問她。

張小青沒回答，從舊軍裝的上衣口袋裡掏出一張疊得方方正正的紙條，打開，遞給老唐。

"呵，敢情還發放了通行證？"老唐邊接過紙條邊說，逗得大家笑了起來。

我又納悶了：這小小一張紙條，老唐怎麼看了好長時間？而且，看著看著，另一隻手把那卷紅紙越捏越緊，害得張小青這個小姑娘叫了起來："你這位大伯，把我的決心書都捏壞了！"說著還要搶回去。

老唐"呵呵"地笑了起來，輕輕地捋平了捏皺的地方，說：

"你這決心書就交給我吧！"

張小青急了："人家縣委都沒收，交給你有什麼用？"

老唐頓了頓，嚴肅地說："我向縣委請求！"

"你是……"張小青高興地問。

我正想介紹，老唐卻搶著說："和你父母一樣，一名共產黨員。"說罷，他把那紙條疊好，放進口袋，招呼我一起朝會議室走去。

我們一走進會議室，就在門邊悄悄地坐下。這個姓柳的幹部講話，我沒聽幾句就彆扭。聽的人都悶裡悶氣的，他自己卻講一句嘿嘿哈哈笑一通。別人不感到有趣，你自己感到有趣有什麼用？真怪。

他講什麼呢？那聲腔我要學也學不大像："總而言之，我實在抱歉，給你們帶來了一批不速之客……今後頭痛的事情是免不了的，你們大多數沒去過上海吧！我總算去了幾次，嚇，過了那裡的生活，誰還願意跑到這裡來受苦？何況是有文化的人。到時候看吧，他們過不慣了，就會來找你們、纏你們。所以，我們考慮，為了保護你們這個先進縣，照顧一下，少分配二百名，這下你們總不會罵我了吧，哈哈……"

我只聽見身邊"嗙"的一聲站起一個人來，頭頂上傳來悶雷一樣的聲音："請問，我們能不能不要這種照顧？"我心裡一喜：是該咱老唐講幾句了。

姓柳的幹部朝我們這兒瞟了一眼（看來他並不認識老唐），又笑了起來："嘿嘿，風格很高，不愧是先進縣的幹部！可你們是沒有嘗過那股子味道。剛才那個抹眼淚哭鼻子的小姑娘大家看到了吧，橫豎說不通道理！"他偏過頭去對坐在旁邊的縣委副書記老梁說："老梁啊，剛才要不是我眼快手快從你手裡奪下她那張決心書，你可要多背一個包袱咧！"

又是那個悶雷一樣的聲音："請問，你看過那張決心書嗎？"

"那用不著看，我猜得出來，寫得既動聽又激烈。一股子學生腔，也難怪，沒有生活經驗的小青年嘛！"

"好，那就請你聽聽這封信吧！"老唐掏出口袋裡的那張紙條，平了平氣，念起來了。你看，我都還能背得出來：

中共新南縣委：

交給你們這封信的張小青是工人的女兒，烈士的妹妹。在她出生的那一年，為了打敗帝國主義侵略者，我們把她的大哥送到了朝鮮戰場上；二十年後的今天，為了縮小三大差別，早日實現共產主義，我們又來歡送自己的小女兒了。我們為此而自豪。請收下她吧。

此致

革命的敬禮！

兩名共產黨員、老工人

同志，這樣的信，後來每年知識青年來的時候差不多都能收到幾封，但我當時一聽啊，直覺得血在往上湧。

這時，只聽得老唐又動情地說起來了："難道這也是'學生腔'、'沒有生活經驗'？難道真是誰也不願意到這裡來'受苦'？"他說著把臉轉向大夥："同志們，我建議大家回去討論一個問題：烈士的父母在想什麼？上海工人階級在想什麼？我自己也要好好想一想。"

老唐話音未落，我看見大夥都"啪啦"、"啪啦"打開了筆記本。這下那個姓柳的幹部可不高興了，他朝老梁偏過頭去，陰陽怪氣的對老梁說："難道縣委也同意收？"

這一來我實在忍不住了，沒等老梁答話，我就霍地站起來，粗著嗓門說："到我們大隊去，我們收，收定了！"

我這一喊，沒料到就像點響了一串連珠炮，會議室裡的幹部都喊了起來："到我們公社去！""分配給我們！""誰說是包祆？扔給我們好了，我們當寶貝！"……就像一鍋開了的水。

　　姓柳的幹部眼睛死死地盯著老梁，可老梁反而劈劈啪啪地對大家鼓起掌來。他一鼓，大家也鼓，這場面可真熱鬧。

　　姓柳的幹部氣得站了起來，他喊道："哪能這樣隨隨便便？省裡還沒批準呢，還要不要一點組織觀念？"

　　這下老唐倒笑了，他一字一頓地說："毛主席已經批準了。'各地農村的同志應當歡迎他們去'，這不是毛主席說的嗎？"

　　"嘩 — "又是一陣掌聲。

　　姓柳的幹部愣愣地看著老唐。半晌，他在老梁耳邊輕輕地問了一句。老梁看了他一眼，笑了笑，大聲地回答："他就是我們新南縣委第一書記唐進！"

　　姓柳的幹部身子哆嗦了一下，但馬上尷裡尷尬地笑了起來："哦，原來這位就是唐書記！……既然第一把手決定了，收下也好，省去我們一件麻煩事。"頓了頓，他眼珠一轉，又嘿嘿乾笑了幾聲，說："既然這樣，我們手上還有沒分配到各縣的三百個名額，新南縣能不能索性一齊吃下來，喳？"

　　同志你想，他把那麼好的一批知識青年當成什麼了！我剛要站起來轟他一炮，卻聽得老唐又"呵呵"地笑了："你也省去我們一件麻煩事。運輸隊大老李在嗎？你們車子先別分散，跟他走；小秦，你們的鑼鼓隊也別散了，準備再歡迎！建設社會主義新農村的生力軍，咱搶也搶不到！"

　　老唐正說得有勁，那姓柳的幹部卻站起來，拎著烏黑錚亮的皮包走了，那臉，就像被漿糊刷子刷過一樣，僵板僵板的。

　　算了，車快到站了，不說下去了，我也要賣賣關子，— 同志你還想聽下去啊，明兒就到咱公社來。

　　下了車，我對周大爺說："一段也沒說完嘛，張小青留下了？"

　　"這還用說！幸好我在會上爭得早，果真分到我們大蒼山大隊了。是棵好苗苗啊！"

"三百個名額呢？"

"我們高興得太早了。結果其他縣也爭著要，鬧來鬧去，搶來五十。為這事啊，後來咱縣委也沒少受壓力，直到林彪反黨集團挖出來，大夥才明白，那場鬥爭與林彪反動路線還有關係呢，我說是嘛，那姓柳的傢伙嘻嘻哈哈，轉彎抹角，還不是在搞'下鄉勞改論'這一套？"

"天都那麼晚了，又下著大雨，你們不在縣裡住一宿？"我問周大爺和他的女兒。

"不行，今晚咱隊裡有急事。"周大爺伸手試了試雨的大小，把拎著的包袱挎到肩上，披上蓑衣，上了路。

走了一段他還回過頭來，在風雨中大聲對我說："你可真要來啊，別光聽開場鑼鼓！"

二、在雨後的山路上，張小青的回憶

縣上山下鄉辦公室的同志聽說我想到西山公社去"就說縣團委會議剛結束，明展西山公社的一位縣團委委員要回去，正好可以帶路，要我八時在招待所門口等。

第二天早晨我準時到了那裡，見有兩個農村姑娘在嘻嘻哈哈地高聲談笑，說的都是本地方言，我一句也聽不懂。見我過去，一個個子高一點的朝我走來，用上海話問：

"你是從上海來的哦？"

我重新打量了她一下，黑黝黝、紅騰騰的臉，粗壯的手，一身農村姑娘的衣著。不禁讚歎說："嗨，已經看不出你是上海知識青年了！"

"可五年前還有人不準我來當社會主義的新農民，說我非哭回去不可呢！"

“你是一張小青？”我沒想到這麼早就遇到了要採訪的物件。

她睜大了眼睛，驚奇了。我告訴她，昨天一位姓周的大爺給我講了一段往事。

她聽了急忙問：“周大爺回來了？他一定連夜趕回去了，是嗎？那我們也快走，快！”

我聯想到昨天周大爺他們上路時也說“隊裡有急事”，就問：“啥事急成這個樣子？”

“你不知道，最近大家學了無產階級專政的理論，爲了發展集體經濟，我們公社要辦一個農副結合的青年綜合場，周大爺是先遣隊顧問，他一回來，準是立即進山，去晚了先遣隊就挨不到我了！”邊說邊加快了腳步。

下了一夜雨，今天可是個大晴天，我們一出城就走上了山路。山間雨後的早晨，空氣特別新鮮。路邊的山溪匯集了一夜的雨水，放開嗓子歡唱著，被雨打落的各種不知名的野花，幾乎鋪滿了整條山路。不管我怎麼趕，張小青總是比我走前兩步，她的腳印一個一個清晰地留在花瓣點綴著的泥路上。

她心急火燎地趕了一程，突然又自我安慰似的笑了一下，說：“不要緊，老唐也在那裡，他會把我放進去的。四年前創辦小果園時我犯了錯誤，這次他總該給我一個改正錯誤的機會吧！”

“犯了錯誤？”我奇怪地問。

大概感到先遣隊的問題已經“不要緊”，她放慢了一點腳步，給我講開了。你看我這次碰得有多巧，還剛到新南縣，已經在聽第二個故事了──

四年前，也就是我們下來的第二年，我到縣裡聽了縣委副書記老梁的一個報告，內容是號召落實毛主席關於“以糧爲綱，全面發展”的指示。回來和大家一商量，決定我們青年隊騰出一小部分力量搞一個小果園。我想,這個計畫要到籌備工作全部停當後再宣佈,保險讓公社和大隊吃一驚。我們隊裡的小楊問:"對青年隊裡的帶隊貧下中農也保密?"我說:"暫時保一下吧。""連周大爺也保密?"我狠了狠心說:"也保。"小楊又問:"那碰到困難怎麼辦?"我說:"自己闖嘛!搞個小果園也不會太難,你沒見山上那麼多野果樹?沒人照管還長得那樣好!"

事情決定後,我叫爸爸媽媽寄來一些《果樹栽培學》之類的書,每天晚上悄悄地看。又和幾個青年去看定了一塊土地。有時還假裝隨便地問問周大爺關於種果樹方面的知識。周大爺說自己這一行也講不透。他老是笑眯眯地看著我,問:"嘴饞想吃蘋果了?"我怕露馬腳,總是打岔開去。

忙著"籌備"了一陣子,但買果樹苗的經費哪裡來呢?後來打聽到,果園是商業局掛鈎的。趁一個雨天沒有活幹,我跑到商業局想去問問能不能預支點經費,結果一進去,一位幹部認出了我:"是張小青嘛!去年有人不讓你來,我們可歡迎,請坐,請坐!"我覺得他很親切,問:"叔叔,如果有人要辦一個果園,你們支持不支持?"他笑著說:"你別打著彎子說'如果有人'了,是不是你們自己要辦?當然支持!種出果子來盡力收購。"我說:"事先還有沒有支持的辦法?"他馬上就懂了我的意思:"是想貸款?這你可要找財政局。"

我突然想起:對呀,聽人說財政局負責人是我們縣裡的一位唐書記的愛人陳大姐,找財政局可能有用。但財政局的一位幹部告訴我:像我們這樣的情況不能貸款。

碰了壁,想來想去想不出辦法,我在給爸爸媽媽寫信時順便把這個困難提了一筆。真沒想到,爸爸媽媽很快就回了一封信,說他們兩人不幾天前剛好同時退休,準備半個月後到這裡來看我一次,還準備從銀行裡取出一部分存款帶來,給我們青年隊買果樹苗。收到這封信,我真高興得跳了起來。我想,小果園的籌備問題已經解決，可以去告訴周大爺了，可不巧，周大爺在前一天已出門去看他的女兒了。更不巧的是，就在這當口上，縣團委來通知，要我去參加一個星期的學習班。有啥辦法呢，隊員們說，等我回來再開張。

那天我打著背包，就是沿著這條路到縣城來，正在爬著前面這座九莽山，聽得山頂涼亭上有一個人在叫我："張小青！到這裡來歇歇！"我上去一看，奇了，正是一年前剛下來的一天幫我把決心書送給縣委的那位大伯。你大概已經知道這是誰了，但我當時真傻，一點也沒想到，我問："大伯，是你啊，我都找了你一年了，每次進縣城都在街上找你，你躲到哪裡去了？"

他說："被醫生關'禁閉'啦，前兩個月才'釋放'。"

他先問明瞭我去幹啥，然後說："我到你們那兒去調查一件秘密事情。"

我看他那神情，知道不會真是什麼秘密，就調皮地問："能不能給我洩點密？"

他故作神秘地在我耳朵邊輕聲說："你們那兒有人想偷偷地辦一個果園。你聽說過嗎？"

我心裡一愣，但又裝作坦然地說："沒聽說。"他說："這不要緊，我到那兒一打聽就明白了。"

嘮，去打聽不糟了？反正這位大伯信得過，我就把事情都告訴了他。還問："你大概從商業局，或者財政局聽說的吧？"

他大聲笑了一通，說："你把前幾天到這兩個局裡去的情況告訴我，儘量說詳細點。"

我原原本本地說了一通，連細節也沒漏掉，甚至把彼此說話的聲調都學了出來。他聽得很仔細，神情挺嚴肅。我說完了，他還皺著眉頭在想著，像在思考什麼重大問題。過了一會，他問我："你說他們的態度對嗎？"

"好像不大對。但也難說，他們告訴我，去年歡迎我們時他們也都在場,都跟著唐書記和那個姓柳的鬥了。"

"歡迎進來就完事了?"大伯說。

我腦子裡總想著一年前的鬥爭,不忍心聽到有人講我們新南縣的幹部不好,就含糊地說:"我也搞不清。反正現在用不著其他支持了,小果園準能辦起來了!"說著我還把父母親的信掏出來給他看。我這已是第二次給這位大伯看父母親的信了。

他邊看信邊點頭,可一看完,他卻說:"光這樣還是辦不起來。辦起來了也要失敗。"

"爲什麼?"我疑惑地問。

"因爲你沒有和 —— 沒有和更多的父母商量過。如果你的父母把你看做僅僅是他們的女兒,爲啥把你送到這裡來?"

"更多的父母?"我想了想,心猛的一跳,懂得了他的意思,但嘴上還辯解:"對我們青年隊的顧問周大爺,我透露過一點,他還笑我嘴饞想吃蘋果呢!這次正想和他認真商量一次,可惜他又去看女兒了。"

大伯的眼睛忽然亮了:"周大爺去看女兒了?。是不是去看國營果園的那個女兒?"

給大伯這麼一提醒,我心裡也閃亮了一下,是啊,周大爺的女兒在國營果園,他這次去是不是和我們的事有點關係?但馬上又否定了,我說:"這幾天我們大隊的老支書也在不斷叨念呢:'周大爺真是關心兒女!'"我心想,要他真有什麼任務去,老支書會不知道?

"老支書說得好!"大伯大聲重複著,"周大爺真是關心兒女!"

他是那樣的興奮,使我覺得他的話裡好像藏著什麼深奧的意思。

他看著我說:"周大爺的心情,你現在還不能完全理解。"頓了頓,又說:"更嚴重的是,我們的不少幹部也沒有理解,包括你遇到的那些商業局、財政局的同志。"

　　我還是不懂，也沒再去想它，只是說："秘密我都告訴你了，不用去了吧？"

　　"都告訴我了？等你辦完學習班回來，該輪到我告訴你了。"他說完就和我分了手，下山了。

　　走了好一程，我才懊惱地想起，這位大伯姓什名誰，什麼單位工作，還是忘了問真是愣頭愣腦的小冒失鬼！

　　這一個星期，我人在學習班，心在小果園，不知學了些什麼。好不容易等到結束這一天，正在討論小結，有人來叫："張小青，你爸爸媽媽來了！"

　　我將信將疑地跑出去一看，可不，兩位老人正提著行李站在門口呢。我問他們怎麼提前來了，他們說："大前天收到你們縣委書記唐進同志的一封信，說他在路上碰到了你，還看了我們給你的信。他歡迎我們提前到今天來，可趕上參加一個現場會。"

　　"縣委書記唐進？"我幾乎驚叫起來。好一個會開玩笑的"大伯"啊！

　　這天黃昏時分，我領著爸爸媽媽翻過最後一道山梁，到了隊裡。

　　我在村口一看，傻掉了：幾乎全大隊的男女老少都在修一條通向大蒼山的道路，用鍬的、用鎬的，還有推小車的，排成了一條長龍。這幹嗎？我正在尋思，只見老唐和老支書快步朝我們趕來。

　　我大聲喊道："唐書記！"

　　他笑著說："你還是照舊叫大伯吧，聽著更順耳。"說著他就去招呼我爸爸媽媽。

　　青年隊的夥伴圍住了我。我問："築路幹什麼？"他們說："通我們小果園的啊！"我奇怪了："咦，我們看定的小果園不在這個方向嘛！"他們說："要照我們看定的地方啊，十年也吃不上蘋果！"於是就嘰嘰喳喳地講開了。

原來，那天老唐來了以後，就找了青年隊開會，還把我們辦果園的計畫交全大隊社員討論。其實啊，貧下中農也在核計著要辦果園，我們還搞神秘化呢。一討論，我們的想法有好多實在可笑，貧下中農一條條幫著修改。現在只是周大伯還沒回來，今天早上老唐打電話到國營果園去催了，要他回來參加今天晚上的現場會。

"開什麼現場會？"我問。轉念一想："對了，可能是要用實際例子來批判我們脫離貧下中農搞神秘化。"

大夥說："這倒好，我們是得好好地檢討一下，不開會還想把這幾天的體會倒一倒呢！"

小楊忽閃著眼睛說："不大像，要開這種會老唐早通知我們了，他不會用神秘化批神秘化。再說，你沒見今天他把財政局、商業局、林業局、農業局的負責人都叫來了？"

"老唐把他愛人陳大姐和女兒唐解放也叫來了，現在那裡參加修路呢。"小楊說。

正說著，只見周大爺和一個婦女各人挑著一副擔子從山豁口走來了。

我們歡蹦亂跳著跑過去，老唐也迎了出來，周大爺他們放下擔子，我們一看，譖，兩擔齊臻臻的果樹苗！

周大爺指著那擔子對老唐說："我是去買的，可他們國營果園的王主任問，你要買這麼多果樹苗幹啥？醃著吃？我說，是支援知識青年辦小果園的。老王說，你支援還不如我們支援！就橫選豎挑的給裝了這麼兩擔。還給我女兒發了令：幫著送回來，幫著知識青年種上。臨走我向他們道謝，他們還罵我老不開通，說知識青年是我們大家的！"

聽了這些話，誰能不感動？我忙問周大爺："您怎麼知道我們要辦果園？"

周大爺點著我的鼻子說："你每天看果樹書，老是問果樹長果樹短，幹啥？活了這麼多年，一個小丫頭的心思還能瞧不透！"

老唐對周大爺說："我在猜，你一去這麼多天，這門玩藝也學出一個門道了。"

周大爺也大聲地笑了："老唐，真是什麼都逃不過你的眼睛啊！我要不去學學，這顧問的差使只得交還給你了！"

這時，我猛然想起了老唐和老支書都說過的一句話："周大爺真關心兒女！"現在我終於懂了……但我卻想瞞著周大爺他們幹事！想到這裡，鼻子一酸──我自從下鄉那天哭了以後發誓不再哭了，但這時，眼淚卻止不住撲簌簌地滾了下來……

小楊猜得對，那天現場會根本不是批評我們的，老唐先請我爸爸和周大爺發言，他自己也講了一些。他們講什麼？這說起來就長了，反正我看到，那兩個商業局和財政局的幹部越聽越難為情，臉紅了，但後來，他們都慢慢地抬起頭來。最後，他們和其他各個局的同志都一個個站起來發言，找了自己在知識青年工作上的差距，決心回去重新研究工作方案。這一來，我們怎麼坐得住？我也站起來，檢討了自己不依靠貧下中農的錯誤。講著講著又想掉淚了，大家直笑我。

從那天以後，我們總覺得全縣有很多人，很多部門在時時刻刻關心著我們，督促著我們。現場會後沒幾天，縣委又宣佈，為了加強知識青年工作，陳大姐也從財政局調到上山下鄉辦公室當副主任，在我們這兒蹲點，這次辦農副綜合場，她也出了不少力。

張小青說話還帶著上海姑娘的特點：越說越快，唧唧呱呱一大串。她的聲音蓋過了山溪的喧鬧，我已被她激動的情緒所感染。她話一快，腳步也快，我幾乎又有點跟不上了。走著走著，我不禁想起：今天我腳下的這條普通山路，不曾蓋滿了周大爺去"看女兒"的深深腳印？不曾留下了張小青的父母親遠道而來的辛勞足跡？不曾灑遍了唐進同志、陳大姐和那一大批農村幹部來回奔波的點點汗珠？好一條山路啊！它在我眼前似乎也變成了一條淙淙崢崢的山溪，匯集了老一代革命者的心血，儲滿了無窮的關懷和希望，向前流著、流著，去灌溉、滋潤那紮根在高山深處的棵棵嫩苗……

三、在紅軍標語牆前，陳大姐的補充

我們到大蒼山大隊時，已快到晌午時分。臨近村口，在路邊稻田裡幹活的人群中有一個中年婦女叫了一聲："小青！這位就是上海來的余同志嗎？"說著跨上田埂，朝我們走來。

張小青應了一聲，對我說："這就是陳大姐。"

陳大姐一眼看去就是一個樸素、爽直的婦女幹部，她對我說："上山下鄉辦公室昨晚來了電話，我今天就專門揀這塊路口的田裡幹活，好接風。"

還沒等我答話，張小青就搶著說："陳大姐，老唐和周大爺他們呢？"

"進山了！"陳大姐大聲地逗著小青。

"啊呀，就撂下了我！你快說，先遣隊有沒有我的名字？"

"看你急的，不讓你上我們就甭想過安穩日子了！老唐也怕你哩，特地把你按上了。"

張小青這才笑了，給我道了聲再見，拔腳要走。

"哪裡去？"陳大姐問。

"上山唄！"

"別走，幫我一起給余同志介紹一下情況！"

"我已給他講了一個上午了！"小青還是走了。

陳大姐又喊道："要走也吃了飯再走嘛！"

張小青頭也不回地說："上山餓不著我！"不一會，我看到她的身影已一蹦一顛地印在大蒼山那條黃帶子一般的山道上了。

　　我問陳大姐：“聽說你搞這個工作已經四年了？”

　　“這下你算捅我的一個舊瘡疤。四年前老唐、老梁他們逼我上陣，我才上了再教育的第一課，比張小青他們還晚了一年！”

　　我估計能聽到第三個故事了，卻不料陳大姐突然話鋒一轉，向我發問：“余同志你說說，為啥林彪一夥那麼死命地反對知識青年上山下鄉？為啥張小青他們提申請、抹眼淚，硬要下來？為啥張小青的父母、上海那麼多工人同志把自己的子女一批批地送來？為啥周大爺他們潑上了全副精力來培養他們？── 說到底，為啥毛主席要號召知識青年上山下鄉？”

　　一連串的問題劈頭蓋腦向我撲來，幸好，陳大姐提問並不是要聽我的答案，她自己說了下去：

　　“對這些問題啊，我以前沒有好好想過。五年前歡迎張小青他們時的那場交鋒後，老唐把小青父母的那封信交給我，叫我壓在家裡寫字臺的玻璃板底下。我壓是壓了，可往後也沒再去看過。

　　“不想一年後就出事了。一天回家我隨便給老唐聊起兩件事，一是幾個縣開工廠要擴大招工，今天到財政局來撥了款去；二是張小青今天到商業局、財政局跑了一次，好像要辦果園想貸款，兩個局都沒同意。哪能這樣隨便？說完我又問他，我們的女兒唐解放今年中學畢業，能不能安排到哪個縣開工廠去？沒想到他聽了霍地從椅子上站起身來，在房間裡走了兩圈，又推開門連夜去找縣委副書記老梁。”

　　“過兩天，縣委發下來一個檔，精神是縣辦工廠招工必須按無產階級革命原則辦事。”

　　“這以後，他天天晚上拖著我談話、辯論，最後，他把這些談話歸納成兩點寫在筆記本上：一，貸款不貸款不是主要的，問題是不管哪個局，哪個部門，都應關心知識青年工作，而且完全有辦法、有途徑可以關心；二，關心不關心，關鍵在思想。如果幹部自己對上山下鄉運動的意義不認識，不讓自己和子女也投身於這個偉大的革命運動,就做不好這項工作。

"那次談話後的第二天,他起了個大清早就到張小青他們隊裡去了。過了一星期待他來電話,要各局負責人到那裡去參加一天義務勞動,開個現場會,叫我把唐解放也帶去。"

我插話說,那天現場會的情況,張小青已說了一點。陳大姐笑著說:"你大概怕講重複了聽著囉嗦吧?我真是,走了半天山路,你肚子也該餓了,先吃飯,吃了飯我還得說一點。至少可以算個補充嘛!"

吃罷午飯,她把我領到青年創業隊的學習室裡。這個學習室很特別,是庇依著另一座較大的舊房子新造的,在那面舊牆上,有一條已經斑斑駁駁、用繁體字寫的舊標語:

為實現共產主義奮鬥到底!

陳大姐見我凝視著這條奇異的標語,就說:"這還是那次現場會上的一項重要教材呢!"

"那次會上先是張小青爸爸發言。看著這位頭髮花白、把自己的子女一個兩個都獻給革命的老人家,我臉紅了。我在把自己和他作對比,我為了什麼?他們為了什麼?巧,我正在這麼想啊,突然見小青爸爸舉起手朝這條標語一指,說:'我們就為了這個!'就此結束了他的發言。

"老唐就要周大爺順便講講這條標語的來歷。大爺告訴我們,這還是紅軍去長征時刷下的,後來白匪用泥巴塗掉過,但貧下中農都知道這裡藏著革命的理想,鬥爭艱苦時就來看看這堵牆,心裡就亮堂了。到解放那天,大夥立即把泥巴刮去,作為革命傳統教材保存了下來。把它造進知識青年學習室裡,還是大隊黨支部專門開會決定的。

周大爺接著說:'我看這個決定有份量!今天知識青年上山

下鄉，還不是為了縮小三大差別，實現紅軍當年的理想？照我說，小青爹媽，還有上海這麼多工人同志把子女送到農村來，就是順著這條標語來的。去年那個姓柳的人實在不理解：上海青年為啥不怕這裡苦？我們又為啥不怕找麻煩？就為了寫在牆上的這句話！多少人為它都犧牲了，我們還怕苦、怕麻煩？'

聽了這話，我心怦怦亂跳，自己罵自己：你啊，白參加革命那麼多年月，還算是黨的幹部呢！

現場會後，我根本不想睡覺。老唐又找我來談話了。

他感歎了一聲說：'是啊，我是縣委書記，誰叫我縣太爺我就生氣，你是財政局的負責人，人家要叫你錢糧師爺，你保管也要跳腳，為啥？我們是堂堂正正的共產黨的幹部嘛！可哪有共產黨的幹部不支持不關心共產主義新生事物，甚至還拖它後腿的？'

我馬上說：'我想給縣委打個報告，到知識青年隊裡來勞動一段時間，也接受點再教育，要不，真不像個黨員了。

老唐笑了，說：'這下就和我想到一起了。知識青年中女青年很多，上山下鄉辦公室中得補充點女幹部進去。怎麼樣，你索性調一下工作，一舉兩得嘛！'

"我就是這樣才做上了這個工作。現在幫手可多了，各部門都在關心。工作就怕做，你看這幾年下來，知識青年和貧下中農一起，對發展農村的社會主義陣地和集體經濟，作的貢獻有多大！"

我看陳大姐講得有點累了，就給她倒了一竹杯水，她一飲而盡，舒了口氣，暢快地笑了。

我問："後來你們的女兒唐解放到哪裡去了？"

陳大姐臉上露出一個母親的欣喜，說："她啊，那天參加現場會後，一聲不響，過兩天卻帶著全班同學到縣委送決心書去了。後來一直在這個公社的隔壁一個大隊插隊。這次公社開辦綜合場,她也在先遣隊裡,上午和老唐、周大爺他們一起上山了。"

我們又閒談了一會,陳大姐說:"這樣吧,我給你找個房子休息一下,我也得上山看看去。"

我說:"不用,我跟你去。"

陳大姐看了我一眼:"吃得消?也好,走吧!"

不一會,我們已在攀登雄偉壯麗的大蒼山了。陳大姐一路上不斷給我講著這座山的光榮歷史,講著它有待開發的無窮自然資源⋯⋯

越往上走,山勢越險峻,樹木越茂密,風景越壯美,我的心胸也越開闊。我邊走邊想:大蒼山,就和祖國的其他千山萬嶺一樣,在它這林深岩疊、莽莽蒼蒼的身軀裡,埋藏著多少可歌可泣的革命歷史故事?而今天,額角被革命風濤刻滿了皺紋的唐進同志、周大爺他們,帶領著自己的兒女,不,帶領著一支宏大的青年革命隊伍,在這裡又開始一次新的長征!快走,在他們裡邊,我又將會聽到多少動人的新故事啊!

我們攀上了一座山峰,白雲就在我們頭上。極目望去,只見前面一座更高的山峰上有幾面火紅的旗幟在綠樹中飄揚,旗下人影綽綽。一陣山風吹過,帶來了一個女青年清亮婉轉的歌聲:

> 大蒼山唷 —— 高又高呵,
> 紅軍的足跡喲遍山嶴囉;
> 今天來了咱新一代喲,
> 山巔紅旗喲呵嗨一萬年飄囉!
> ⋯⋯

(原載《朝霞》1975 年第 7 期)

可敬的人們

── 長壽支路菜場的日日夜夜

黃宗英　蔣小馨

一

　　混凝土攪拌機轟隆轟隆地響，一個勁兒地高唱："大幹一快上，大幹一快上。"長壽支路菜場黨支部書記老曾，從會議室裡開會、辦公、配菜、打乒乓、睡覺五用的臺面上，翻身坐了起來，他怎麼也合不上眼。剛才，里弄居民座談會上的意見，在他的心裡攪拌。雙職工、紅衛兵、老奶奶一一發言。意見中肯、尖銳，對人民的菜場充滿了信賴和期望。會議進行了一半，忽然，一位滿頭花發，身材魁梧的退休老工人站起來了，用濃重的蘇北口音說道："關於菜場的供應，我，沒得意見！人民政府在給我們蓋五層大樓房，我要去工地倉庫值夜班。讓我把大清老早和老太婆吵嘴，憋到現在的氣出完。"

　　里弄幹部忙攔他："老伯伯，你別把話扯遠。"

　　老伯伯說："不扯遠，道理就講不清爽。"老伯伯坐下來，依然氣吼吼地："這兩天，我那老太婆'犯節氣'，筋骨疼，早上貪懶；今天她買菜回家囉嗦個沒完。說什麼：'螃蟹不見影子，這兩天連腳爪也賣光，菜場真不像話。'我一氣把臺子一拍。她嚇一跳，又咕一句：'還好，我買了半斤魚丸。是不像話。'我對老太婆瞪了眼：'誰不像話？！你不想想看。虧你說得出口啊……買了半斤魚丸，你，你簡直把本忘了。"'老伯伯頓一頓，環顧參加座談會的人的臉，"在座同志的家，大部分在這余姚路一帶，有些老同志住了幾十年。小青年啊，你問問你的上代娘老子，他們在你們這麼大的辰光，知道什麼叫副食品、主食品哦？我，在娘肚皮裡就是吃蘿蔔纓子的。那年月，我們從江北苦水茫茫來江南，又從江南茫茫苦水回江北，骨頭都累斷了，沒吃過一頓飽飯。我那老太婆是和我一樣的苦果子。我說啦，那年月，肉莊裡掛著的肉臭了，魚行裡堆著的魚爛了，和咱們有什麼相干？現在，偶然三五天，買菜有點緊張，老太婆你就不滿，你還想吃蘿蔔纓子嗎？菜場同志也很辛苦了。我，沒得意見。"老伯伯走了。工地夜戰的照明燈，映出他高大的身影。

好一個"沒得意見"的意見，把支部書記老曾的五臟六腑攪翻！

老曾摸黑走出弄堂。長壽支路菜場的中心店堂裡，夜市的燈亮著。解放前，這裡本是一爿香燭店。每逢初一、十五，老闆從一雙雙粗糙的手裡騙來多少沾著血和汗的錢。老闆們蓋起了醬園、當鋪、澡堂、戲館……可是，**饑餓**、失業、敲榨、勒索；春瘟、夏疫、秋瘧、冬寒卻和余姚路"滾地龍"裡的居民結下了不解之緣。"長錠要哦一長錠。"伴著慘絕人寰的哀哭，送走迎來"普善山莊"的收屍車，裝也裝不完……

現在，你可曾去過寬展的武甯路橋嗎？你可曾在夜間經過那座大變電站？城市，像個健壯的巨人睡著了，他的脈搏、呼吸還在有規律地迴圈。夜，是寧靜的，你站在電線杆下，彷彿聽得到"電流"在交談。它們你爭我搶地奔往"農業學大寨"的前線；點亮千萬盞為大搞農田基本建設而夜戰的"小太陽"。卡車"笛 —— 笛 ——"腳踏拖車"鈴鈴 ——"滿裝著豬肉、雞、鴨、蔬菜從公社運輸站馳來。

　　商業，是工農業生產的橋樑，是連結黨和群眾關係的紐帶。從小生在菜場、長在菜場、出身貧苦的老曾，深深懂得："在娘肚皮裡就是吃蘿蔔纓子"這句話，凝練地概括了千千萬萬階級弟兄苦難的過去。當年，咱們在"滾地龍"裡出生，在富人的垃圾箱旁拾菜皮長大的"小把戲"仔，今天，高舉紅旗，有的是技術革新的闖將，有的是佔領上層建築領域的工宣隊員，有的是理論隊伍的骨幹，他們在工廠、機關、學校、商店……爲反修防修努力作戰，咱們菜場的工作如何緊緊跟上？

　　老曾想：是黨，是人民，讓我們菜場職工掌握了商品分配的大權，負責解決附近七千多戶居民，三十三家工廠的吃菜問題，這怎不令人振奮、自豪？！但是，怎樣跳出單純買賣的圈子，千方百計安排好千家萬戶，把黨的溫暖，貧下中農的情誼源源地送到人民群眾的心坎上？

　　混凝土攪拌機日夜歌唱。支部會上老曾說出了全場革命職工的心裡話："咱們長壽支路菜場，文化大革命以來，六學星火商店，面貌大有改變。可是和工農業發展的速度相比還差太遠。要跟上工農業前進的步伐，菜場也要大幹快上。"

二

　　不說那長壽支路菜場職工大戰"三九"，儲藏保鮮十一萬斤大白菜，以旺補淡。

　　不說那水產組大搞革新，制出各種魚糕魚丸，從過去一年三市，變到現在一天三市，以葷補素。

　　也不說爲五湖四海各民族的階級弟兄，吉師傅和小賈送菜下旅館，鞋底跑穿了多少雙。

　　更不說爲搶救不慎吞針的孩子，需要一把韭菜，職工在韭菜淡季的時刻，把全市菜場跑遍，花了幾元錢的車費賣了幾分錢的韭菜……

只說一說:一九七四年,七月一日那一天。才是早晨三點。老曾看見蔬菜組幾個姑娘,已提前上班。老曾把手鈎住鉛絲菜筐的網眼裡,一搭,一筐滿滿二百多斤的雞毛菜,已順溜穩當地跟著他來到蔬菜攤前。姑娘們眼睛閃亮,把老曾團團圍住。

這幾個七三屆畢業才來到菜場的姑娘,開了腔:"老曾師傅,我們正找你呢!為了慶祝黨的生日,我們昨天進行了討論:怎樣把宏偉的共產主義理想和我們平凡的賣菜勞動,緊緊相連。我們算了一筆賬,菜場每天接待顧客一萬多人次。如果讓每個顧客少花費十分鐘,加起來就是二百多個勞動日,直接用於生產將變成多麼大的物質力量!"

時間就是糧食,時間就是鋼。幾個小姑娘提議設立一個綜合攤,使顧客能一次買到魚、肉、豆腐、蔬菜……她們的提議立即得到菜場黨支部的支持。

可有人說了:"菜場老規矩,從來賣菜歸賣菜,賣魚歸賣魚,禽也只和蛋拼檔;百貨公司也還分櫃檯呢。"

姑娘說:"我們就是要破老規矩,方便工農兵。"

有人譏諷:"進場才幾個月,秤桿上'小辮子'還捏不牢,樣樣色色全要賣,真是不掂分量不知輕重。"

姑娘說:"正是知道分量重,我們才搶著挑千斤。"

老曾鼓勵她們說:"放大膽子上,支部給你們撐腰。"

說幹就幹。"九姑娘綜合組"成立了。綜合組設在菜場的正中心,職工們習慣地管這塊地方叫菜場的"鼻樑"。

姑娘們高高興興地找來一塊木板,用彩色漆畫了個美術圖案,端端正正地寫上"九姑娘綜合組"。搬來一架雙梯,要把這牌子鄭鄭重重地掛在鼻樑頭。

革委會委員潘師傅走來,看見"九姑娘組"組長顏佩娟正要上梯子,他好心地拉拉她,說:"成立綜合組,我一百個贊成;

不過‘九姑娘’這塊牌子，還是不要亮出去的好。社會上的階級鬥爭蠻複雜，免得有人指指戳戳，惹是生非。”

顏佩娟看看手裡的銀頭，脖梗一撐，說：“怕啥？！幹革命絕不躲躲閃閃。我們就是要向毛主席、向工農兵，表示我們全心全意爲人民服務的決心。”她噔噔往梯子上走了幾格，回過頭來說：“我們學定了大寨鐵姑娘！”

小王趕忙到梯腳下，把牌子高高舉起對小顏說：“上！”其他幾個姑娘衝著老潘說：

“我們就是要亮牌子！”“我們就是敢亮牌子！”

潘師傅摀著自己的後腦勺：“哎唷，九隻小榔頭釘牢我敲，吃得消哦！”

姑娘哪個肯饒他：“誰叫你保守。”“誰叫你促退。”

潘師傅說：“好，好。接受意見，改正錯誤。”他拿過小顏的銀頭，捋捋袖管，爬上梯子的另一側。當！當！當！“九姑娘綜合組”的牌子堂堂正正地掛在菜場的鼻樑上。

七月五日這一天。朝霞還沒來得及梳裝，九隻雛燕飛出了窩。七個“秤手”（兩個預備隊員）一字排開，立在櫃檯裡，而櫃檯外面早已熙熙攘攘。看見攤上豐盛的花色品種，一次能買回葷素滿籃，哪個顧客不喜歡？

開秤啦。

七月初，正是毛豆青椒新上市。“毛豆炒青椒”是上海人最愛吃的家常菜，誰不想買一盆嘗嘗。可是姑娘把毛豆擺在攤東頭，青椒呢，在攤子的西頭。七個“秤手”，面對七個顧客同時要買。姑娘們只好從東到西，從西到東，你碰我讓，“穿花”來往。一霎時，櫃檯外邊凍結了，櫃檯裡邊也站了班。一屜老豆腐“倒板”時滑了手，摜下來成了豆腐“醬”。外邊等得跳腳，裡邊急得淌汗。潘師傅來到綜合攤，立在姑娘們中間，幫著收款找零。他對外邊打招呼：“顧客同志們，設綜合攤，菜場裡開天闢地頭一趟，沒經驗,請大家協助。姑娘們,思想集中,不要緊張。"老徐、老邱……也都來到綜合攤"把場",看趨向,調整貨位,補充貨源。

櫃檯外的顧客們,七個隊伍,八部合唱,做開喉嚨,各抒己見。

"不要慌,小妹妹。醫院裡有紅醫班,理髮店有進修室;賣綜合菜,也要鍛煉。"

"好囉,又不是秤金子,你少給我一錢,我不會尋著你。"一直在蔬菜櫃捏慣"斤頭秤"的姑娘,捏起"錢頭秤",手澀眼生,秤花花也找不見。"

"買菜不是看表演,沒功夫跟著小青年鬧'白相'。"

"這是新生事物,大家支持嘛!"

"你思想好,我遲到,流水作業你頂班。"

"毛豆一斤半:0.14x1.5=0.21

青椒半斤:0.10÷2=0.05

肋條肉八兩三錢:

0.90 一(0.09x2)+(0.09x0.3)=0.747≈0.75

子魚一斤:0.49

蔥兩分

薑一分……"

菜場上,從來不用算盤,當然更沒筆墨紙張;全靠腦記心算。姑娘一手拿,一手秤,一邊往顧客籃裡放,一邊在心裡撥乘除法,又一筆筆累進,把個總數得出來。這顧客又說:"這塊肉太壯了,給我調那塊精點的。"

兩個多鐘頭過去,落市了。"綜合組"只剩下:一攤菜皮;一身疲勞;一堆意見。汗珠浸透了姑娘們的袖管、鞋殼和辮梢,姑娘們癱坐在倒空的菜筐底上。

"九姑娘,今早開張怎麼樣啊?"姑娘們抬頭看見,支部書記老曾老遠就大聲招呼，三步並做兩步跑過來。老曾碰巧今早到區公司有事，沒趕上把場。此刻，抱著兩大瓶清涼飲料，進了櫃檯。姑娘們像看到親人似的擁上去。有的叫一聲"曾師傅"，紅了眼圈。

沒想到老曾竟然笑著說："好哇，蠻好哇！"姑娘們猜不透老曾為啥笑得那麼歡。小顏撇嘴說："還好哩。"

"矛盾的火力點被你們偵察到了，逼得你們學會解決它。這不是大好事嗎！這樣的好事人家要也要不到啊。"

姑娘們的臉上也露出笑容："原來還是個寶哩。"

"大家看啊。"小顏發現一堆角票裡，夾著一張紙片，她撿起來念道：

"九姑娘：我是兩個孩子的母親。因為工作關係，常常是買些冷門貨就走。和鄰居比，我們家的飯菜就單一了。看到菜場辦綜合攤，很贊成。我今天雖然沒買著，卻投你們一票。希望你們為革命，立足菜場，又紅又專。" ── 啊，又有多少顧客也在心中投下這樣的一票呢。

姑娘們、師傅們，把地掃淨，攤頭用鹼水洗得白裡透亮。坐下來，重新學習《實踐論》，向"賣菜科學"進軍。

她們重新佈置陣地，七個秤手分成三個小小組。

她們天天班後把"錢頭秤"帶回家。家裡大大小小瓶瓶罐罐、碗盞調羹、書本鋼筆……都拾起來過過秤。

她們到水產組，學習魚、蝦、蟹、蛤的規格分檔。

她們到食品組去學習斬排骨、切肉片、拆火腿。

她們到兄弟菜場去取經，以求掌握快速心算。

現在，"九姑娘組"，每個秤手，手搭秤桿，數字就有了。當最後一種菜送到你籃子裡時，總數跟著報出。每個秤手平均每分鐘接待三個顧客，敏捷而從容，被顧客譽為"電子腦"。綜合組受到顧客的普遍歡迎。

秤碼和秤盤，共同承擔重量。長壽支路菜場的老一輩們也和年輕人一樣。請到菜場的"一字方便櫃"來看看吧。

一字櫃上有位女師傅名叫胡成婉，四十八歲年紀。她每天每天，仔仔細細佈置櫃面。稱好，分堆，分碟，排齊，擺滿：一分錢蔥，一分錢薑，一分錢雞毛菜，一角錢排骨，一角錢香腸……

這一分錢蔥薑雖然小，千家萬戶少不了。顧客來買，不等，不秤，拿了就走。對孩子和老人來說，算賬很簡單。對單身職工和人口少的家庭配菜也方便。

記得小周高中畢業時，看到分配工作通知單上有個"副"字，有人一伸舌頭："千萬不要是'小菜'場！"果然，說中了。更加沒料到來守"一字櫃"。真是"小"了還要"小"。她想："這個，也要接班？"

一天，小周午夜來菜場，看見師傅胡成婉，已經在專心把秤。師傅笑眯眯地招呼她："小周，今天撥給咱們九十五斤菠菜。看，這根多紅，葉多嫩，菠菜蛋花湯，居民可歡迎哪。等一會兒，咱們一兩八錢紮一把，正好賣一分。"小周笑笑，沒等她紮上飯單，支部書記老曾跑過來，口氣沉重地說："胡師傅，今天不許你上班。"

原來，胡成婉的丈夫剛剛進了醫院。胃病發了，咯血不止，醫院正在組織搶救。按照常情，胡成婉實在不該來上班。領導關心，群眾也讓她快去醫院；可是她不慌不忙地秤著蔥薑。半斤蔥七分錢，分成七小撮；一斤新薑二角五分，分二十五堆；一斤老薑四角二分……菜場的夥伴們急了："成婉，成婉，你怎麼放得下心噢，心腸太硬了！"

胡成婉的眼眶微微紅了一陣，她緊緊握住同志們熱情的手："……我的男人住進了醫院，有毛主席教育出來的醫生，我有什麼不放心？"平常不大說話的胡師傅，不知怎麼的一肚子的話倒了出來："我七歲賣菜，十一歲做繰絲工，你們看看我手上臂膀上燙傷的疤痕吧。媽媽生了十一個兒女，兄弟姐妹一個個死掉，只剩我一個。十四歲上，媽媽也死了。親人們生什麼病死的？不知道。窮人家哪裡知道醫院的大門朝北朝南？！我男人和我一樣，是賣菜的。舊社會給他做下病根。現在很多醫生給他治病，幾百 C‧C 的血漿已經輸在他的身上，沒有共產黨，哪來這種事情！我 ── 沒有什麼不放心。”她咬住嘴唇暗用勁，把臺秤輕手輕腳端了過來，說：“小周，來秤菠菜，你秤我捆。”小周熱淚盈眶，細心地理著菠菜的綠葉紅根。病房裡，溫暖如春。大瓶的葡萄糖鹽水，正一滴一滴地滴進勞動者的靜脈。病房外，已是初冬。乍寒暴冷，西北風，在菜場的角角落落裡嗚咽。星期六夜晚的“一字櫃”特別鬧猛，下了夜班的男女職工親暱地叫著“胡阿姨”，“小周”，在這裡買上小蔥：’排骨、尖椒、蘑菇、菠菜。明天星期日燒碗熱湯麵，作料香噴噴。

現在，“一字櫃”出售的品種增加到十八種，顧客每天有近千人次，單是一分錢一堆的尖辣椒，每天要賣五六十斤。怪不得工農兵管“一字櫃”叫“稱心櫃”。實在是方便又稱心。

師徒二人，堅守小小的“一字櫃”，意義分明，熱血沸騰。

三

綜合櫃，一字櫃，新生事物在長壽支路菜場不斷湧現。有人就嘀咕了：“唉，我們菜場一年到頭‘十八翻’。”

“‘十八翻’，對啊！”在一次學習無產階級專政理論的群眾大會上，老曾意氣風發地說，“社會在前進，革命在發展，我們菜場就得跟著‘動’嘛！翻一次，我們就翻出一個新天地。翻一次，我們就把方便多多地‘翻’給顧客，把困難多多地‘翻’給自己。這就是革命！”

“翻！” ── 菜場裡翻出個“小賣部”。商品從一針一線到電燈泡、香煙。白天,別家開張它打烊;夜裡,別家打烊它開張。

"翻!" —— 九平方米的小灶間,天天端出切細配好、葷素齊備的"盆菜"兩千盆;好比三千噸船臺造出萬噸輪。

"翻!" —— "一賣多帶"的服務專案越來越多:代客氽肉皮、刨芋艿、搖肉糜、刮魚鱗……

"翻!" —— 原來七開間店堂的老門板,都翻做了新攤板。二十四小時服務,三百六十五天服務,永不"上門板"。

……

今年入夏以來,上海的氣候很不正常。四十多天不下雨,連續高溫乾旱。蔬菜生產受到嚴重影響。

菜多,多賣;菜少,少賣。菜場"水門汀"上無論如何"翻"不出菜自來,問題也很簡單。

可是長壽支路菜場又在自找麻煩。支部組織職工並約請里弄幹部和居民代表,一同去郊區的蔬菜大隊裡"踏田頭"。只見往年平均二十多斤一隻的冬瓜,現在長到四五斤就落蒂了。長豇豆變成了短豇豆,綠葉菜也出現了焦黃現象。為了保證市區一定的蔬菜上市量,各級黨組織和貧下中農戰天鬥地,千方百計從乾旱口中奪菜。

但是,高溫還是持續下去。菜少了,怎麼辦?

菜場黨支部在學習《哥達綱領批判》的討論會上,大家圍繞:"在消費品還不能充分滿足消費者所需的時候,如何做到相對的合理?""如何逐步限制消費品分配中的資產階級法權?"談了又談。

提出了一個大膽的設想:把熱門菜送上門,輪流送到長壽支路菜場所屬的七千戶居民家中。

"只有菜多時下里弄推銷,從沒聽說菜少了還推車上門。真是'空肚打飽嗝 —— 硬撐市面'。"

"七千戶居民,就算一個星期輪一次,也要一千隻蒲包,每天多稱兩千次秤，成本和勞動工時要翻幾番呢……"

　　有人擺出了一大堆困難。

　　"於"字當頭日行千里，"難"字當頭寸步不前。是難，還是幹？關鍵在思想路線。全場展開了大學習、大批判。向"利潤掛帥"的餘毒，再一次發起猛攻。思想統一在：社會主義的商品供應工作，體現了黨對群眾生活的關心。不是單純的一手錢，一手貨，你買我賣。

　　"我們盆菜組緊密配合！"

　　"我們水產組堅決支援！"

　　思想一致，步伐一致。各組都抽出人手來，成立了"送菜組"，組長是中年女師傅老杜。推車去送"熱門菜"啊，一路打不完的招呼。大人孩子都歡呼："來口羅，新生事物！"

　　記得第一次"進軍"前，毛豆和辣椒攤了一馬路。零點開始，一千七百五十只蒲包，要在四時前稱好、裝好、上車，全部結束。騰出"馬路戰場"，給出廠的公共車輛讓路。五時，送菜組照樣上櫃檯，"插高峰"。六時，下里弄。這可真是激烈的戰鬥！

　　老曾當然也在馬路上"菜的海洋"裡，他說："這是菜場的'七溝八梁一面坡'啊。"大夥兒忙得真歡，怎麼又單單不見"寶貝兒子" —— "小阿福"？

　　阿福，長在紅旗下，確實是得福。父母生了幾個女兒，只他一個兒子，寶貝得不能再寶貝了。家裡雖是勞動人民，他可算個"特殊人物"。長到那麼大，手帕也難得汰一塊。七三屆中學畢業後，分到菜場工作。輪到阿福做夜班，全家總動員。阿奶早把乾淨衣服擺在床頭；阿媽，三番五次搖阿福腦袋；阿爸，一趟又一趟劃阿福腳底心；阿姊燒好夜點心端過來。好不容易把寶貝兒子送到菜場。

　　阿福也乖巧，來到菜場，兜上兩圈，就不見了。團支部找他談心，他只管說："沒勁。"今朝夜裡打大仗，阿福又到哪裡去了？

杜師傅在馬路戰場，從東殺到西，從南衝到北，運菜、遞蒲包、拖車子，指揮戰鬥。忽然，她被什麼東西絆了一下，險些跌個大跟鬥。水果店門口，堆著一百多隻裝生梨的大空簍子，在小山般的空簍堆下，伸出兩隻白色的球鞋。

"阿福，蘇州到啦！"老杜把兩隻球鞋一提，哄笑聲中，阿福不好意思地坐在馬路當中。

時間到了。阿福不肯去送菜，和杜師傅面對面頂起來。他的個子比師傅高出一頭呢。

老曾跑過來推車，說："好啦，今天就讓他不去吧。"老杜氣得瞪圓了眼睛："你書記包庇他！"

送菜隊伍出發了。浩浩蕩蕩十二部車，從菜場分頭推往各里弄，連區委書記也來參加勞動。里弄幹部更是緊密配合。居民們激動地說："你們辛辛苦苦幹了一個通宵，我們舒舒服服睡了一個大覺；熱門菜找上了門來。真是菜場職工學理論，全心全意為人民。"

第二天，也差不多是出發前，阿福又解下飯單，坐在攤頭上，沒料老曾來到身邊。

杜師傅滿意地瞄了一眼，心想："小搗蛋，今天夜裡老曾和你算總賬。"哪知道，這一老一少越談越親熱，像親兄弟一般。出發時，阿福系上了飯單，推起一部最重的車子。老杜來不及多想，高興得像教練陪著冠軍去領獎，走在阿福旁邊。又悄悄問老曾：

"你跟他說了些什麼？"

老曾說："我們一起剝毛筍。"

"'伏'裡哪來毛筍？"

"毛筍的皮很糙，一層層剝開來，心可好哩。不能單看外表，要看本質。小阿福是勞動人民的後代，咱們的階級弟兄。"

　　這一天，小阿福熱情地跟車送菜，當然也受到同樣熱情的歡迎。他的臉漲得比番茄還紅。迎著早晨八九點鐘的太陽，阿福下班回來，坐在桌前找報紙看，有個夥伴找他去閒蕩，他說："沒勁。"

　　此後，阿福做夜班，很少再需要阿媽搖腦袋，阿爸劃腳心。兄弟菜場來參觀取經，望見阿福淡灰上裝的背上，汗漬的斑斑鹽霜，說："看看長壽支路菜場的小青年，幹得多有勁！"

　　整整一個夏天，阿福堅持半夜上班稱菜，清晨送菜，那運動員型的個子，顯得更結實了。他現在分工和三個青年一起，為這一帶一百零七戶老弱病殘送菜。他們是人民的寶貝兒子，天天早上把幸福送到老人、病人的面前。

　　老曾對我們說："我們菜場不光賣菜，更要出人才。學大寨，要使紅旗飄萬代，重在教育下一代。防在福中變，需在苦中煉，要在反修防修、剷除資本主義土壤的硬仗裡，抓出一支過得硬的隊伍來。"

　　菜場裡進了一批大個新鮮土豆。這可是十分的熱門。老杜，一手叉腰，真像個女連長，作戰前動員："同志們，明天六點半，我們要把土豆送給三千六百戶居民。支部委員已經全部來到前線。兄弟組也要來支援。同志們，加 — 油 — 幹！"

　　七月十六日夜間，三十名戰鬥員，激戰十小時，把土豆分成三千六百包。十七日清晨六時半，一包包送到了居民面前。

　　七月十八日拂曉。老曾突然宣佈：今天的三千六百包土豆，暫時停送。

　　這一下，老杜雙手叉腰："怎麼搞的，支部的決議，你書記也不能中途撤銷。"

　　老曾說："送出去的三千六百包土豆，發生了情況。支部召開緊急會議。你趕快來看。"

　　會議桌上擺了兩蒲包土豆。是昨天送貨上門的兩位居民，剛剛趁早市來要求調換。說土豆裡面發黑，不能吃。老曾切開一隻，果然發黑了，再切一隻還是黑的，一蒲包土豆裡有一半是這樣，看外表一隻隻卻都很鮮嫩漂亮。啥道理？打電話給發貨單位，才知道，這批土豆是特地從東北運來的。經分析：土豆從我國東北啟動時，氣候還相當冷，迢迢千里過江南來，溫差極大，促進了土豆的呼吸，把熱氣潮氣大量吸進去，一下車，往冷庫一送。外表保持了新鮮，內部的熱氣潮氣卻仍然憋著，造成黑色。

　　怎麼辦？上門調換。支部調兵遣將，推出一車車好土豆，帶著小刀和秤盤。過大街，穿小弄，挨門挨家，走了三千六百戶，把已送去的土豆，一隻只切開，黑的收回，好的留給居民，再把缺額添滿。

　　從商品、經營、服務，看制度、路線、方向。從這一"土豆事件"，我們想了很多很多，很遠很遠。

　　土豆 —— 馬鈴薯。在我們眼前映顯出馬克思在《經濟學－哲學手稿》中的一段："愛爾蘭人除了吃之外不知其他欲望而且只不過吃馬鈴薯，尤其是破爛馬鈴薯、最劣等的馬鈴薯而已。"解放前的中國勞動人民，不也為破爛、劣等的馬鈴薯而在苦難中煎熬？而今天，人民的菜場絕不把一個變了質的土豆送到居民手裡，這是何等不同的兩重天啊！

　　商品和貨幣自從降世以來，就是一體雙胞的妖孽；從這裡產生了剝削，是資本主義滋生的土壤。老曾說："這就是我們財貿戰線的'狼窩掌'！"長壽支路菜場的革命職工，正在以高度的政治熱情，衝破資產階級的傳統觀念，努力剷除滋生資本主義的土壤，修造一片片發展社會主義經濟，萌發共產主義新芽的"大平原"。

　　舊社會的上海灘，帝國主義分子和洋奴把洋人的副食尊稱為"大菜"，把中國人的副食蔑視為"小菜"。小菜場，小菜場，連菜場也要敲上殖民地半殖民地的可恥印記。然而今天，人民的菜場天地新，天地廣。就在昔日的“小菜場”上，老一代，新一代，一些普普通通的賣菜人，卻把社會主義制度的陽光，把黨的溫暖，源源不斷地送到顧客手裡，送往那車間、商場、課堂、前線陣地……

致敬，長壽支路菜場的革命職工！

致敬，可敬的人們！

（原載《朝霞》1975 年第 12 期）

踏上地球之巔

魯　光

> 中華兒女多英豪，
>
> 敢與天公試比高；
>
> 飲冰臥雪何所懼，
>
> 定叫紅旗珠峰飄。
>
> —— 登山隊員的話

一支英勇的登山隊伍，頂著狂風暴雪，在銀峰雪嶺上攀登著，正向地球之巔挺進！

這是一條多麼艱難曲折的道路啊！

一九七五年三月上旬，中國登山隊肩負著再次征服珠穆朗瑪峰的光榮使命，來到海拔五〇〇〇米的絨布寺安營紮寨。現在是五月中旬了，登山隊員們已經在冰雪世界中戰鬥了兩個多月。為了拿下珠峰，他們進行了四次適應性行軍，並向頂峰發起過兩次突擊。第一次突擊，由於天氣驟變，十多級的強大高空風，把二十名英勇的男女登山隊員圍困在海拔八六〇〇米營地的帳篷裡，整整兩天兩夜，失利了；第二次突擊，由於前進的路線走向偏低，四位登頂突擊隊員在"第二臺階"附近迷失了道路，又遭到了挫折。登山隊副政委鄔宗岳同志在突擊主峰的征途中，戰鬥到生命的最後一刻，光榮犧牲了。

但是，困難、挫折、戰友的犧牲，並沒有嚇倒我們的登山隊員。前途是光明的，道路是曲折的，他們心中銘記著偉大領袖毛主席的英明教導，前赴後繼，頂著困難上，踩著艱險走。他們是百折不撓的英勇戰士！

　　你看！五月十七日，第五次行軍的隊伍又出發了，向地球之巔挺進的新戰鬥打響了。新組成的登頂突擊隊，邁著堅實的步伐，穿過風光壯麗的冰塔林，越過銀牆玉壁的北坳"天險"，衝過風雪咆哮的大風口，一個高度又一個高度地往上攀登。

　　現在，在通往地球之巔的征途上，只橫亙著最後一道"天險" —— "第二臺階"了。五月二十五日下午，一個四人結組沿著海拔八六〇〇米的東北山脊往上攀登。約莫走了半個來鐘頭，一堵龐大的陡崖把去路堵死了。這是"第一臺階"。

　　隊伍在陡崖跟前停了下來，一條紅色尼龍繩把他們互相聯結在一起。站在頭裡的隊員，穿一身深紅色的鴨絨服裝，拄著冰鎬，喘了幾口粗氣，抬起頭，透過高山眼鏡觀察著周圍的地形。他中等個子，稍顯清瘦，但很結實。一雙大而銳利的眼睛，閃動著機智、勇敢的光芒，顯得格外精神。他就是突擊隊黨支部書記索南羅布同志，他身後的三位戰友是貢嘎巴桑、大平措和次仁多吉。他們是登頂突擊隊的第一梯隊，任務是偵察和修通攀登"第二臺階"的道路，並參加突擊頂峰的戰鬥。

　　從大本營到"第一臺階"腳下，索南羅布一直走在隊伍的最前面，成了突擊隊的"開路先鋒"。索南羅布，今年二十九歲，是解放軍某部的一名技師，在登山隊原來是普通隊員。進山以來，他和戰友們日日夜夜苦戰在冰峰雪嶺，哪裡有艱險，哪裡就有他矯健、勇敢的身影。在大風大浪的鍛煉中，他迅速成長起來了。在最後一次突擊頂峰的關鍵時刻，根據隊黨委決定，他勇敢地挑起了突擊隊黨支部書記的重擔，成為征服珠峰的一名前線指揮員。

　　此刻，索南羅布站在"第一臺階"腳下，舉目四望。"第一臺階"這麼高，這麼陡，從哪裡往上攀呢？

　　索南羅布往前走了幾步，停留在一道岩石槽旁邊。這兒的岩

壁,比較低矮,大約有十五米到二十來米高,石槽一直通到岩壁
的頂端。雖然溝槽的岩石很堅硬、光滑,連岩石錐都不容易打進
去,但這兒是上"第一臺階"最理想的地方了。

"就從這兒上!"索南羅布果斷地下了決心。"我先上!"
跟往常一樣,年輕的黨支部書記又第一個攀登。他往上爬了一段,
背上沉重的背包墜得他不時往後仰,一不小心"刺溜"一聲,摔
了下來。他沉思片刻,決定把結組繩解開。一條四十來米長的紅
色結組繩,一頭拴在他身上,一頭拿在戰友們手中。索南羅布又
一次上了岩石槽,往上攀登。他雙手緊緊抓住岩壁上凡能抓到的
棱棱角角,雙腳使勁蹬住岩壁,胸腔緊貼在陡壁上,一點一點往
上挪動著。可不能鬆勁呀,稍一鬆勁,就會滾落下來。此刻,索
南羅布多麼像一隻飛向雲天的勇敢山鷹啊!

戰友們手裡拿著結組繩,仰著頭,提著膽,看著黨支部書記
奮勇攀登。他們為自己有這麼一位機智、勇敢的好戰友而感到自
豪。

索南羅布爬上"第一臺階"頂部,渾身出汗,手腳又酸又
疼,稀薄的空氣使他呼吸困難。他抬起頭來,見冰雪陡坡頂上,
奇峰突起似的聳立著一塊大石頭。

"把尼龍繩拴到那塊石頭上去!"索南羅布心裡這麼打算
著,又站立起來,邁開步子,往雪坡上攀登。雙腳彷彿拴著千斤
重的鐵砣,每上一步都是那麼費勁吃力。當他終於爬上雪坡,把
繩子拴到那塊大石頭上之後,想喊戰友們往上攀登。這時,他的
嗓子眼於渴得快要冒煙了。他真想伸手抓一把白雪吃,但強制著
自己,這個時候可不能吃雪呀,冰涼的雪一碰到熱騰騰的喉嚨,
嗓子很快就會沙啞。三位戰友的嗓子都已經沙啞了,如果自己的
嗓子再沙啞,怎麼與大本營保持通話聯繫呢?他伸出手,使勁地
拉了幾下拴在石頭上的紅色結組繩。機智的戰友們覺察到,這是
黨支部書記示意他們往上攀登的信號。

　　矯捷的貢嘎巴桑，手裡握著尼龍繩，一步一步攀登上來了。

　　個頭高大的大平措攀登起來卻特別吃力，因為他身後的背包太沉重了。他們結組路過八六〇〇米過渡營地時，把大本營指定他們背的登頂用的物資一件不拉地都背上了。他們想，第二梯隊有女同志，要儘量減輕她們的負擔，能捎的就都捎上吧！大平措的背包，已經裝得滿鼓鼓的，他還不住地讓戰友們往裡裝。他誠懇地說：“多裝一些吧！重一點，我能背。萬一我的體力在上頂峰之前就消耗完了，那也沒有什麼。只要能為登頂的勝利盡自己一份力量，我心裡就高興。”三位突擊隊員都被這位憨厚、純樸的戰友的崇高風格深深感動。現在，我們來解剖一下大平措身後那個大鼓包，看看裡面究竟裝了多少東西：氧氣兩瓶，報話機一部，簡易帳篷一頂，紅色測量覘標一個，四五十米長的尼龍繩兩條，煤氣爐一個，煤氣罐四個，鋁鍋一個，此外，還有他自己用的鴨絨睡袋、食品……加在一起，至少也有四五十斤的重量。就是在乎地趕路，背著這麼重的背包，也夠嗆呀！何況，這是在海拔八六〇〇以上的高山上攀登懸崖峭壁呢！但這位壯實的藏族青年，卻默不作聲地往上攀登，最後終於艱難地上到了“第一臺階”的頂部。

　　最後一個翻越“第一臺階”的是次仁多吉。他攀登起來，又別有一番困難。他身後的背包上，橫放著四節一米來長的金屬梯。石槽狹窄，金屬梯一會兒到右邊的岩臂上，一會兒又撞到左邊的岩壁上。次仁多吉不僅需要往上使勁，還時時需要提防金屬梯左右碰壁。

　　上了“第一臺階”，四位突擊隊員坐在岩石下的雪坡上，喘著氣，小憩了一會兒。雖然他們身體很疲勞，但心裡都樂滋滋的。他們終於踏上了通往“第二臺階”的勝利之路。

　　下午七點來鐘，他們來到了海拔八六八〇米的一個雪坡上。在戰友的保護下，索南羅布走到雪坡頂上，觀察了一下地形。往南看，是一望無際的銀峰雪嶺，他站立的岩下，就是南坡萬仞冰雪絕壁。往東北山脊看去，不遠的地方，有一堵巨大的岩石陡壁從山脊往西橫切過去，又把上頂峰的去路切斷了。那就是“第二臺階”最後的那道岩石陡壁。

“好，我們就把突擊營地建在‘第二臺階’的腳下！”走下雪坡，索南羅布對三位戰友說。雪坡不算大，但平整一下，蠻可以搭三頂高山帳篷。雪坡的東北邊，還屹立著一塊巨大的岩石。貢嘎巴桑幽默地說：“這是一堵天然屏障，還可以擋一點風呢！”

儘管已經是下午七點多鐘了，但由於珠穆朗瑪峰高聳天外，日光照射的時間要比平地長得多。在平地，這個時候已經暮色蒼茫，但這裡還仍然陽光燦爛。現在離日落還有兩個來鐘頭呢！

索南羅布放下背包，對大平措和次仁多吉說：“你們倆在這裡建立突擊營地，我和巴桑抓緊時間偵察一下路線。”

索南羅布和貢嘎巴桑，一前一後，行走在離東北山脊不遠的山坡上。山脊像魚背一樣，又尖又窄，如果沿著它走，一陣強勁的西北風就會把你吹到南坡的冰雪深淵中去。山坡上，佈滿了風化的小碎石，一腳踩去，碎石紛紛往坡下流動。有的地方，連踩半隻腳的空檔都沒有。稍不小心，就會滑墜。兩位戰友不時互相提醒注意安全。走出不多遠，一條岩石大裂縫，伸延在他們腳下。看來，如果順著這條裂縫往上翻，就可以攀登到“第二臺階”最後那堵陡壁腳下。

“我下去看看！”等貢嘎巴桑走近裂縫時，索南羅布示意戰友注意保護，自己就下岩石裂縫裡面去了。裂縫還不短呢，裡面覆蓋著一層厚厚的積雪。開始，裂縫還比較寬，但越來越狹窄了，光線也暗淡起來。在裂縫的盡頭，有一塊巨大的岩石覆蓋著，像一扇大石門，把出口堵得死死的。顯然，從這裡是無法翻上去了。他只好順著來路，爬出裂縫。

“怎麼樣？”貢嘎巴桑焦急地問。

索南羅布擺擺手。

但他們並不洩氣，又往右拐，繼續尋找上"第二臺階"的道路。忽然，他們發現：有一個地方可以翻上去。但這是一條多麼險峻的路啊！一邊是岩石峭壁，一邊是千仞岩石陡坡，連著岩石陡坡的是深不見底的中絨布大冰川的粒雪盆。在岩石峭壁與千仞岩石陡坡之間，只有很狹窄的一點空檔，有的地方只能勉強容下半隻腳。就在這樣一條險路上，還屹立著一塊一人多高的大岩石，擋著去路。要通過這條路，只有雙手抱住那塊攔路石，腳踩著懸崖邊緣，慢慢移動著過去。

索南羅布用那勇敢明亮的目光，看了一陣子之後，邁開步子，跨上了幾道零亂的石階，身子緊貼著石壁，慢慢移動著，來到那塊攔路石旁邊。他伸出手，推了推，攔路石還有點晃動。啊，這是一塊活動的石頭！但是，除了這裡，沒別的地方可以上去了。

"我過去看一看！"索南羅布鎮靜地對戰友說。

貢嘎巴桑往前看了一眼，又伸頭往下瞧了一眼，覺得這實在太危險了。如果大石頭倒了，索南羅布就會抱著大石頭跌到中絨布冰川中去。

險不險？是險呀！但時間不等人！現在已經是五月下旬，是珠峰好天氣的"尾聲"了。六月一來，山上風雪瀰漫，就無法攀登。下一個登山季節，就要等到八九月了。索南羅布清晰地記得，告別大本營時，領導同志再三叮囑他："拿下珠峰，這是毛主席、黨中央交給我們的任務。希望你帶領突擊隊全體同志，下定決心，排除萬難，勝利登上頂峰。"

"是啊，不管付出多大代價，也要拿下珠峰。如果自己犧牲了，也要用生命為戰友們開闢一條登上頂峰的勝利之路。"索南羅布激動地想著。

攔路石啊，你攔不住我們用馬列主義、毛澤東思想武裝起來的中國登山隊員前進的步伐！"巴桑，注意保護！"索南羅布的語氣是那麼堅定、有力。

貢嘎巴桑和索南羅布在解放軍部隊的一個團裡工作，他們在守衛祖國邊疆的戰鬥中更加深了階級的情誼。巴桑到過索南羅布家鄉，聽過索南羅布一家苦難的過去，也親眼看到過索南羅布一家幸福的今天。他深深懂得戰友這種不怕苦、不怕死的革命精神的力量源泉，因而，從內心進發出對戰友深沉的愛。他將冰鎬深深插進石縫裡，緊緊攥往保護繩。

索南羅布雙手摟住攔路石，兩隻腳在千仞陡坡的邊沿上小心翼翼地移動著。驀地，攔路石晃動了一下，貢嘎巴桑心裡一緊，但索南羅布雙手一鬆，敏捷地翻過了攔路石，又繼續往上攀登了。

索南羅布翻越了幾道岩石坎階，發現踩在他腳下的，正是覆蓋在剛才沒有翻上去的岩石裂縫出口處的那扇巨大的"石門"。一條石槽，從腳下的"石門"向上伸延，連接著一個七八米長的大雪坡。他沿著石槽踏上了雪坡，保護繩到頭了，他只好收住腳，站在雪坡上觀察地形。

此時，"第二臺階"最後的那堵龐大陡崖，整個展現在他的眼前。從正面攀登，這裡的山脊很窄，陡崖腳下最多只能同時站兩個人；同時斷崖上有一層厚厚的灰色岩石，看起來很像礫石，由於強烈的風化，突出來的半圓形礫石，很容易脫落，若利用它來作支撐點，是很危險的。

索南羅布的目光順著陡崖慢慢往西移，他看見在他眼前有堵陡壁連著他腳下的雪坡。這堵陡壁大約五米來高，雖然像刀削似的陡峭，但比它兩旁的陡壁要稍為低矮一些。他再仔細打量，驟然間發現陡壁的中間有一個黑黝黝的岩石錐。啊，那一定是一九六○年登上珠峰的登山隊員們在翻越"第二臺階"時留下的歷史見證。！

"沒有錯，就從這裡翻越'第二臺階'！"索南羅布和貢嘎巴桑一邊往回走，一邊喜悅地說，"路，終於偵察清楚了！"

索南羅布和貢嘎巴桑回到突擊營地時，天已擦黑了。他們看見，大平措和次仁多吉兩位戰友，站在搭得結結實實的帳篷前面迎接他們，心裡感到格外的溫暖，緊緊握住戰友們的手，說："你們倆辛苦了！"大平措回答說："你們比我們更辛苦呀！"

珠峰的天氣，真是瞬息萬變。夜幕剛降落，就刮起了陣陣大風，刮得帳篷劈啪劈啪響；裡面躺著四個小夥子，壓著八瓶氧氣，帳篷還差點壓不住。氣溫零下三十多度，加上高空風一刮，就更冷了。第二天早晨醒來，他們看見夜間呼出來的熱氣，已經在篷壁和篷頂上，結了一層厚厚的霜花。'

狂風一直刮到下午三點多鐘，彷彿刮得疲倦了，才開始收斂了一些。

在八三〇〇米營地待機的第二梯隊的五位隊員 —— 副隊長潘多和羅則、桑珠、侯生福、阿布欽，立即鑽出帳篷，冒著刺骨寒風強行軍。他們要在天黑之前，趕到突擊營地，與第一梯隊的戰友會合。

第一梯隊四位隊員今天的任務，是很繁重的，他們要在天黑以前把攀登第二臺階的道路修通。風勢剛一減弱，四位在帳篷裡等待得萬分著急的隊員，趕緊背上金屬梯、尼龍繩，捎上鐵鎚、岩石錐，頂著呼嘯的山風，向"第二臺階"的峭壁前進。

索南羅布還是走在頭裡，他們一邊走，一邊修路。在出帳篷不遠的那段碎石坡上，他們打上了岩石錐，拉上了一條長長的尼龍繩。不久，他們來到了那塊攔路石跟前，貢嘎巴桑向索南羅布揮了一下手，示意消除它。索南羅布會意地點了點頭，心想：是啊，這塊攔路石對戰友們的安全威脅太大了。他將身子緊貼在峭壁上，用冰鎬插進攔路石與峭壁之間的裂縫，使勁一撬，巨石順著陡坡往下滾去，發出了一陣轟隆隆震耳欲聾的響聲，拖著一團團煙霧，一直滾落到看不見底的中絨布冰川裡去了。

不一會兒，他們來到了大雪坡上。大平措和貢嘎巴桑從背上卸下金屬梯，四個人一齊動手，把金屬梯一節一節連接起來。索南羅布先爬上雪坡，甩下一條長長的尼龍繩，大平措、次仁多吉將繩子一頭拴到金屬梯子上，上面拉，下面推，把梯子架到了陡崖上。

他們停立在陡崖跟前，仔細地觀察這道"天險"。灰褐色的岩壁表面沒有支撐點，只有一些很小的棱角，無法攀登。四節金屬梯接在一起，總共才四米高，架上去後，梯頂離陡崖頂端還差一米左右。而且，陡崖頂部凸出來一塊大岩石，使人無法直接往上攀登。要越過它，必須向右邊陡崖斜著身子上。如果說，翻越"第一臺階"難，那麼攀登"第二臺階"就是難上加難了。

十五年前，也是五月下旬的一天，貢布、王富洲、屈銀華、劉連滿四位突擊頂峰的隊員，爬這堵陡崖時接連摔下來七次，最後他們靠搭人梯，整整花費了三個鐘頭，才越過了這堵陡崖。

老一代登山隊員這種革命加拼命的精神，對年輕一代登山運動員是一個巨大的鼓舞。他們決心以老登山隊員為榜樣，明知征途有艱險，越是艱險越向前。

索南羅布開始攀登。他站在梯子上，在兩邊打上岩石錐。他的動作是那麼艱難，每打一錘，都要停下來喘息一陣，但他堅持一錘一錘地敲打著，終於把岩石錐打進了堅硬陡崖的細小裂縫中去。然後，他從身上解下一段尼龍繩，把梯子固定得結結實實的。他一步一步登到了金屬梯子的頂端。懸崖頂上突出來的那塊大石頭，頂著他的胸膛，使他無法翻上去。他左腳踏在梯子的最後一級，雙手扒住陡崖上的棱角，右腳往右前方跨出一大步，斜著身子，全力往上攀登，凌空懸掛在千仞絕壁上。

珠穆朗瑪峰的臺階啊，任你再陡再險，也擋不住中國登山隊員前進的步伐！任憑"臺階"鋪上雲天，我們也要把你踩在腳下！

　　上了"第二臺階"頂部，再跨上幾道岩坎，便見一塊巨石聳立。巨石上，拴著一條尼龍繩。顯然，也是一九六〇年中國登山隊登頂時留下的，經過十多年的風吹雪打，顏色已經變淡。索南羅布拉了拉，還挺牢實。但細心的索南羅布，還是重新在巨石上拴上一條嶄新的紅色尼龍繩。紅色的尼龍繩，順著陡崖，一直垂到金屬梯上。

　　此刻，第二梯隊的潘多和她的四位戰友，頂著大風，進行了艱苦的強行軍。現在已經順利地翻過了"第一臺階"，正向突擊營地走來。在夕陽的輝映下，突擊營地上的那頂米黃色帳篷，多麼像一朵盛開的絢麗的雪蓮啊！他們看見，第一梯隊的戰友們正站在帳篷門口，使勁地向他們招手。

　　兩個梯隊，九位戰友，在"第二臺階"腳下的突擊營地勝利會師了。帳篷裡，煤氣爐的火苗歡樂地跳動著，鍋裡的雪水，翻滾著熱情的浪花。

　　索南羅布打開報話機，向大本營報告今天的戰鬥情況："我們兩個梯隊，已經在突擊營地勝利會師了！上頂峰用的東西都帶上來了！上'第二臺階'的路修通了！……"

　　喜訊，像一股暖和的春風，吹進了每一個高山營地，吹進了每一頂高山帳篷，吹進了每一個登山隊員的心中。

　　五月二十六日的夜晚，是一個用戰鬥迎接勝利的難忘之夜！在這突擊頂峰的前夜，紅色電波飛越千山萬水，穿過茫茫夜霧，把來自北京的指示，傳送到珠峰腳下的大本營，傳送到接近頂峰的突擊營地。

　　現在，北京時間二十三點了。離突擊頂峰的出發時間還有九個鐘頭。這裡，離地球之巔只有一六〇多米。就在這樣一個難忘的時刻，難忘的地點，莊嚴的突擊隊黨支部大會正在帳篷裡召開。八名共產黨員和一名革命青年嚴肅地討論著"共產黨員應該怎樣迎接明天突擊主峰的戰鬥"！

帳篷外，寒夜深沉；帳篷內，聲音激動而堅強。共產黨員們決心用實際行動實踐入黨誓言，革命青年決心用實際行動填寫入黨志願書。他們說："只要還有一口氣，就絕不停下向頂峰前進的步子。耳朵凍傷了，手腳凍掉了，也要把五星紅旗插上頂峰！"

五月二十七日，天還未亮，隊員們就醒了。他們從帳篷外邊刨來一鍋冰雪，點燃了煤氣爐，開始燒水吃飯。在海拔八〇〇〇米以上的高山上，氧氣稀薄，只相當於海平面的三分之一。在平地用煤氣爐燒一鍋開水，十來分鐘就足夠了。但在這兒，沒有兩個來鐘頭是開不了鍋的。潘多從懷裡取出一個黃橙橙的廣柑和紅豔豔的大蘋果，切碎了放進鍋裡。這是中央首長派專機從首都送來的水果呀！他們每一次吃水果，都很激動。他們彷彿感到，懷裡揣的不是廣柑、蘋果，而是黨和人民的殷切期望，是戰勝困難的巨大力量。雪山上的黎明，是那麼寒冷，但他們坐在爐火旁，一邊吃著香噴噴的糌粑，一邊你一口我一口輪流喝著剛熬好的水果湯，感到身上、心上都暖洋洋的，渾身增添了無窮的力量。

早晨八點，九名隊員背上了氧氣瓶和登頂用的東西，身披燦爛的霞光，告別突擊營地，踏上了征途。那紅色金屬覘標，是北京工人日夜趕制出來的；那小型報話機，是浙江工人的新產品；那色彩鮮豔而暖和的鴨絨衣，充滿上海工人的心意；那一瓶瓶寶貴的氧氣，是戰友們爬冰臥雪送到高山營地上來的。有的同志自己缺氧暈倒了，醒來後不肯吸一口，他們說："我們是運氧的，不是來吸氧的。氧氣，留給登頂用……"突擊隊員們想到黨的關懷、人民的支持和全隊戰友的期望，精神煥發，鬥志昂揚，彷彿全隊戰友、八億人民都在跟他們一起攀登世界最高峰。

將近九點，第一梯隊索南羅布等四位同志已經勝利地越過"第二臺階"，正坐在岩石上等候第二梯隊的戰友一起前進。過了十幾分鐘，第二梯隊的桑珠、阿布欽已經勇敢地翻上"第二臺階"。結組的第三個人，是身穿紅色鴨絨衣的女將潘多，她站在金屬梯的頂端，正往上攀登。她的腳兩次離開了梯子的頂端，但兩次都沒有翻上去，全身懸掛在陡崖上。在她後邊的羅則和侯生福一邊保護著她，一邊熱情地給她鼓勁：“潘多，你是四億中國婦女的代表，上！下定決心，不怕犧牲；排除萬難，爭取勝利！”

“四億中國婦女的代表”，這句話使潘多多麼難以平靜啊！

潘多，這是有著苦難經歷的媽媽親自給她起的名字，藏語是“有用”的意思。但在那黑夜茫茫的舊西藏，她只是個被壓迫、被剝削、被凌辱的奴隸。八歲的時候，她死了父親，就跟著媽媽到處流浪討飯。十三歲那年，到荒山野谷給領主放牧牛羊。十四歲時，母女倆又走上了給商人當背伕的苦難生涯。她們背著沉重的木箱，一路上不知要爬多少座雪山。多少苦難的背伕在冰峰雪嶺倒下了，再也沒有爬起來。那個時候，潘多對黑暗的舊世界連同這些雪山可真恨透了。

珠穆朗瑪峰再高啊，總有頂；雅魯藏布江再長啊，總有源；共產黨來了，藏族窮人翻身做了主人。一九五八年，潘多成了西藏第一代農業工人，第二年又成了新中國第一代藏族女登山隊員。她先後和戰友們一道，征服了新疆境內的“冰山之父” —— 慕士塔格山和公格爾九別峰，兩次創造了女子登山世界紀錄。經過無產階級文化大革命和批林批孔運動的戰鬥洗禮，潘多的精神更加煥發。她決心在征服世界最高峰的戰鬥中，充分發揮婦女“半邊天”的作用，和男同志一道，征服地球之巔。特別令她激動的，是上山前夕，她實現了自己的崇高願望，光榮地參加了中國共產黨。她站在偉大領袖毛主席像面前，莊嚴宣誓：“我決心為實現黨的最終目的 —— 共產主義，奮鬥終身。生命不息，鬥爭不止……”

此刻，潘多彷彿看到那火紅的黨旗，在頂峰飄動，向她召喚。時代不同了，男女都一樣。男同志能辦到的事情，女同志也能辦得到。你看！潘多抖擻精神，用牙咬住結組繩，左手拉住陡崖上懸掛下來的保護繩,右手扒住岩石棱角,右腳向上方跨出去,往上使勁,終於翻上去了。

突然,從陡崖上落下來一顆小石子,落到羅則的嘴唇上,馬上凍住不動了。羅則伸出舌頭,想頂掉它,但舌尖也給凍住了。他只好把小石子含進嘴裡,過了一會兒化了,才吐了出去。這裡的氣溫是多麼低呀!但是天氣再冷,也凍不住登頂隊員的戰鬥熱情。羅則和侯生福爲女戰友勝利征服"第二臺階"而高興,他們也加快了動作,迅速攀上了"第二臺階"。

九點半,兩個梯隊的九位戰友,在"第二臺階"頂上匯齊了。從這裡到頂峰,高度只有一四〇多米,大約一華里的路程。這在平地走起來,十多分鐘也就夠了。但他們卻整整走了五個鐘頭。這最後的一段里程,每前進一步,都面臨著艱苦的考驗;每登上一個新的高度,都要戰勝重重困難。走著走著,突然索南羅布感到身後的結組繩緊了一下。他回頭一看,只見貢嘎巴桑搖晃著身子快倒下去了,他趕忙衝了過去,一把將戰友拉住,摟在自己懷裡,給他吸氧。貢嘎巴桑睜開眼,頑強地站立起來,又邁開沉重的步子,跟著戰友往上攀登。不久,他們來到了波浪形的冰雪坡上。貢嘎巴桑又暈了過去,倒在雪地上。索南羅布又把氧氣面罩給他戴上。戰友們熱情地鼓勵說:"巴桑,你看,頂峰就在前面了,堅持一下,我們就勝利了。我們九個人,要一起勝利地踏上頂峰……"貢嘎巴桑的嗓子沙啞了,說不出話來,但他握緊拳頭,舉了舉,表示一定堅持走完這最後的艱難里程。

剩下最後幾米雪坡的時候,他們看到峰頂上被高空風捲揚起來的雪霧,彷彿是獻給勇敢來訪者的雪白的哈達。勝利已經在望,那呼嘯的山風,好似嘹亮的進軍號角。驟然間,他們雙腿注滿了神奇的力量,走得那麼快。北京時間下午二時半,九名中國男女登山運動員─潘多(女)、索南羅布、羅則、侯生福、桑珠、大平措、次仁多吉、貢嘎巴桑、阿布欽。勝利地從北坡再次踏上了地球之巔，在世界登山運動史上又譜寫了光輝的一頁。

　　他們的實踐，再一次有力地證明了一個偉大的真理：世上無難事，只要肯登攀。

　　鮮豔的五星紅旗，在地球之巔高高飄揚起來了。她是在毛主席、中國共產黨領導下的中國人民無高不可攀，無堅不可摧的光輝象徵。

　　屹立在地球之巔，放眼望去，雲海茫茫，群峰起伏。這些登山隊員都有大體相同的經歷，其中藏族隊員，都是翻身奴隸的後代，大多數自己還當過奴隸。昔日的舊西藏呀，巍巍的喜瑪拉雅山，堆積的是農奴的仇和恨；滾滾的雅魯藏布江，流的是農奴的血和淚。今天，他們站立在地球之巔，更加感到毛主席和黨的溫暖，更加感到社會主義祖國的可愛。他們打開報話機，向大本營、向隊黨委、向全國人民報告振奮人心的喜訊：

　　"北京時間下午二點三十分，我們九位同志已經勝利登上了世界最高峰。請大本營向毛主席、黨中央和全國人民報告喜訊！"

　　接著，他們就圍著報話機，高舉起冰鎬，一聲接一聲高呼："毛主席萬歲！"中國共產黨萬歲！用漢話喊一遍，又用藏話喊一遍。嗓子好的，亮開嗓門喊；嗓子啞的，用他們的心在歡呼。

　　九名登頂隊員深知，珠峰已經踩在腳下，但任務還未完成。於是，他們根據分工，在地球之巔那塊一米左右寬、十米左右長的冰雪坡上，開始了新的戰鬥。

　　鮮紅耀眼的測量覘標，在地球之巔端端正正地豎立起來了。測量人員將計算出八八四八一三米這個最精確的珠峰高程，外國人測的八八八二米的數字將永遠從我國地圖上消失；世界上第一次紀錄地球之巔上的登山運動員的心電遙測成功了；地球之巔的冰雪樣品、岩石標本採集齊了；獻給偉大領袖毛主席的帶有花紋、色澤美麗的峰頂岩石挑選好了；生動紀錄這次人類征服大自然光輝業績的照片、影片拍攝下來了。

　　九位登頂隊員在頂峰上停留了七十分鐘。他們忘記了吸氧，忘記了疲勞，忘記了休息，唯獨沒有忘記任何一件黨的工作。這是爭分奪秒戰鬥的七十分鐘！

　　三時四十分，九名隊員準備下撤。他們遙望天際，看東方，首都北京就在那裡。他們彷彿看到偉大領袖毛主席正在中南海繪製著祖國未來的藍圖；他們彷彿看到了本世紀末社會主義祖國的風貌；他們彷彿看到五洲風雲激蕩，看到了第三世界人民團結反霸的戰旗在飄揚……

　　回頭看，珠峰已踩在腳下；望前方，革命征途上一峰更比一峰高。他們決心為革命踏遍祖國的每一座高山峻嶺，為革命奮力攀登革命征途上的每一座高峰。

　　　　　　　　　　　　　　（原載《人民文學》1976 年第 1 期）